환대

환대:
이승윤을
사유하다

김희준
지음

프롤로그

코로나 바이러스로 모든 것이 멈춰 버린 듯한
2020년 12월 캐나다 토론토의 겨울, 평범하다 못해
반강제적으로 유배되어 버린 것만 같은 모두의 일상
속에서 우리 가족에게 활력을 불어넣는 중요한 일이
일어났다. 평소 TV 시청에 별 흥미가 없던 아내가
한국에서 방송되는 예능 프로그램에 깊은 관심을
갖게 된 것이다. 한 방송사에서 기획한 이 음악 경연
프로그램은 기존의 경연 프로그램들과 다른 새로운
형태를 제시했다. 이미 노래나 앨범을 발표한 경험이
있지만 무명에 가깝거나, 한 번도 제대로 무대에 서 본
적이 없는 무명 가수들에게 무대에 설 수 있는 기회를
제공해 주는 형식이었다. 주변화되어 가는 수많은 '무명

가수들' 71명이 참여했고, 아내는 그중 '이승윤'이라고
하는 한 '방구석 음악인'에게 그야말로 꽂혀 버리고
말았다.

아내를 만나 연애하고 결혼한 시간들을 합치면 이제
13년이 다 되어 가지만 아내가 이토록 관심을 갖는
연예인도, 방송 프로도 없었다. 아무리 연예인이라 해도
사랑하는 아내 또는 남편이 다른 이에게 관심 갖는 것을
좋아하거나 하다못해 무시하고 그냥 넘길 배우자가
어디 있으랴마는 이 현상이 그리 싫지만은 않았다.
사실 나 또한 처음에는 무시하려 했지만 점점 증세(?)가
심각해지는 아내를 보며 우려가 되기도 했고 해외에
거주하고 있기에 망정이지 그게 아니라면 그 말로만
듣던 '사생팬'을 다른 방향에서 직접 경험하게 됐을지도
모를 일이었다. 하지만 오히려 긍정적으로 생각할 점이
더 많았다. 전 지구적 유행병 상황으로 1년이 다 되도록
국경 봉쇄와 지역 사회 부분 폐쇄를 진행한 캐나다
토론토 시에서 생활하는 아내에게 이 일은 무료하고
지쳐 가는 일상에 소소함을 넘는 재미와 흥미, 박진감과
열정을 불어넣는 일이었다. 자신의 소모되어 가는
일상이 아닌 무언가 다른 것에 관심을 둘 수 있는 일,
그뿐 아니라 거기서 얻게 되는 음악과 아티스트에 대한
긍정적인 에너지가 아이들과 가족 전체에 좋은 힘을
주었으니 당연히 응원할 일이 아닐 수 없었다.

이런 일련의 사건들이 내게도 중요한 영향을 끼쳤다. 아내로부터 들려오는 일명 '30호' 가수에 대한 소식들, 특히 그의 이름 석 자와 그의 개인적인 배경에 대한 정보들이 우선 내 관심을 끌었다. 무엇보다도 아내는 내가 평상시 대화하며 나누었던 연구 주제를 환기시키며 몇 가지 중요한 용어들인 '환대', '경계선', 그리고 '존재' 등의 단어들을 이 음악인 이승윤이라는 사람이 언급한다고 말해 주었다. 대중 연예 프로그램에서 흔하게 들을 수 없는 철학적이고 사회학적인 용어들을 노래 경연 프로그램에서 듣고 있다고 해서 처음에는 반신반의했다.

나는 일단 아내의 이 말이 사실인지 확인하고 싶었고, 그 후 그의 경연 영상과 그가 만든 과거의 노래들을 찾아 듣게 되었다. 본인만의 독특한 철학이 짙게 묻어나는 폼으로 경연을 치르고 작품을 해석해 나가는 것이 인상 깊었다. 특히 몇 안 되는 그의 여러 과거 인터뷰들을 들으면서 음악인 이승윤이라는 사람이 어떤 생각을 하는 사람인지 살짝 엿볼 수 있었다. 그리고 그런 시간들을 통해서 나는 단순히 한 음악인의 팬이 되는 것을 넘어 이 젊은 예술가를 렌즈 삼아 사회와 사물, 또는 더 나아가 인간에 대한 철학적 탐구를 해보는 것도 재미있겠다고 생각했다. 그리고 이런 생각은 곧 아내와의 깊은⑺ 대화로 이어졌고, 우리는 어느새 음악인 이승윤의 팬이라는 동지가 되기에 이르렀다. 물론 여전히 아내가 나보다 더 열렬한 팬인 것만은 사실이다.

　음악인 이승윤에 대한 내 환대는 우리 부부간의 연대로 이어졌다. 이 연대는 우리 두 사람 사이에 꽤 중요한 결과물로 탄생했는데, 물론 사랑하는 부부 사이니 무슨 아이가 생겼나 생각할 수도 있겠지만, 그것과는 조금은 다른 결과물이다. 그건 바로 내 생애 첫 유튜브 영상 제작이었다. 아내와 음악인 이승윤에 대해 이런저런 이야기를 나누고 아내가 잠자리에 들어가자마자, 나는 마치 무엇에라도 홀린 듯이 이런저런 사진들과 녹음한 음성파일을 붙여 8분이 채 안 되는 '이승윤 철학적 해석'이라는 영상을 만들어 유튜브에 올렸다. 아내를 위한 선물과도 같은 이 영상의 반응은 내 예상을 한참 웃도는 수준이었고, 결국 나로 하여금 지속적인 음악인 이승윤과 그의 노래 가사에 대한 철학적 해석 등을 작업하는 초보 유튜버의 길로 인도했다. 그렇다고 사실 '수십만' 명이 시청하는 정도는 아니었고 그럴 수준의 높은 퀄리티의 영상도 아니었다. 전적으로 무언가 아내를 위해 내가 공부한 것들을 사용한다는 것만으로도 의미 있는 일이라 생각해 만든 영상이었다. 아내는 여러 달이 지난 지금도 가끔 내게 묻곤 한다. "그거 어떻게 만든 거야?" 나도 모르겠다. 그냥 정말 무엇에 홀린 듯이, 그래서 당연히 어설픈

수준이지만, 약 한 시간 정도 스크립트를 쓰고 녹음하고 이것저것 붙여 서너 시간 만에 도출된 결과였다. 아마 '아침에 일어나서 놀라겠지?'라는 정도의 흐뭇한 상상만 했을 뿐이었는데 아내가 좋아해서 다행이라는 생각뿐이다.

내게 이 글 작업은 꽤 흥미로웠다. 이승윤이 방탄소년단과 같은 아이돌 출신의 음악인은 아니라는 점, 가사와 음악적 특성 때문에 일단은 국내로 그 인기와 영향력이 국한될 것을 고려할 때, 내 시간과 에너지를 들여 이런 작업을 계속할 이유가 있을지 고민했던 것도 사실이다. 몇십만 명이 내 유튜브를 시청해 주는 것도 아니니 돈이 될 리도 만무했다. 동영상 작업할 시간에 내 전공 분야를 더 연구하는 것이 낫지 않을까 하는 고민이 여러 차례 들었던 것도 사실이다. 그러나 막상 작업을 시작한 초기부터 내게는 꽤 흥미로운 점들이 발견됐고, 그것이 이 작업을 지속시키는 재미가 되었을 뿐만 아니라 어쩌면 지금 한국 사회를 바라보는 좋은 통로가 될 수도 있겠다는 나름의 사명감을 갖게 하기도 했다. 이런 글 작업과 시간들을 통해서 나는 사람들이 왜 남녀노소를 막론하고 음악인 이승윤이라는 사람을 응원하는지 알 것 같았다. 특히 요즘처럼 즐길거리들이 넘쳐나는 시대에 왜 한낱 무명 가수의 존재와 말들과 노래들이 소비되고 주목을 받는 걸까? 왜 사람들은 이

사람에게 빠져들기를 주저하지 않으며 이 음악인의
든든한 서포터가 되고 싶어 하는 걸까? 그 밑바탕에는
어떤 결핍이나 욕구가 자리하고 있는 걸까? 이러한
질문들이 초기 영상과 글 작업부터 내 스스로에게
물었던 질문들이었다.

예술가가 작품을 내면 그것의 평가와 반영은 대중의
몫이지 않던가. 저마다의 해석도 의미가 있다. 예술가와
그의 작품에 각자의 모습을 투영하는 것이야말로 예술
작품에서만 경험할 수 있는 특별한 재미이자 경험일
것이다. 또 무언가 다른 진실을 마주하는 도전이 될 수도
있으니 의미 없다 평가절하할 일은 아니라 생각한다.
나 역시 '철학적 해석'으로 시작했으니 팬들의 기대를
저버려서는 안 된다는 책임감으로 이 책을 썼다.

이 짧은 에세이는 이러한 '이승윤 현상' 또는
그를 향한 팬덤이 가져온 다양한 질문들에 대한 내
나름대로의 답변과 해석을 담고 있다. 물론 이 글의
밑바탕은 경연 때부터 지금까지 그가 해온 인터뷰와
발언, 그리고 그가 지은 노랫말 등이기 때문에 이미
음악인 이승윤의 팬이라면 '아~ 그렇지' 하고 공감할
수 있는 점들이 많아 수월하게 읽을 수 있을 거라
생각한다. 혹은 팬이 아니더라도 한 사회에서 일정 기간
일어나고 있는 문화적 현상을 철학적 렌즈로 들여다볼
수 있다는 유익이 있다. 왜냐하면 이 책은 이승윤과

그의 음악뿐만이 아니라 음악 전반을 포함한 예술의
철학적 의미와 그것을 감싸고 있는 사회 전반에 걸친
해석을 담고 있기 때문이다. 문화는 문화 자체를 위해서
존재하지도 않고, 그럴 수도 없다. 문화는 사람을 위해서,
그리고 사람에 의해서 존재하고 지속되며, 발전한다.
그 문화를 통해 지금 우리가 사는 현대사회를 살펴볼
수 있고 이해할 수 있다. 이 글 작업이 단지 그런 사회
전반에 대한 지식을 위해 이뤄진 것만은 아니다. 이
글을 통해서 현대 사회, 특히 한국 사회 속에서 점점
주변화되어 가는 개인에 대한 고찰이 있으면 좋겠다는
개인적인 바람이 있다. 내 자신이 그런 주변부에서
태어나고 자라왔기 때문인지도 모른다. 그래서 이 글은
음악인 이승윤과 그의 음악, 그리고 그를 향한 팬덤에
대한 글이기도 하며 동시에 그를 통해 세상을 바라보는
나에 대한 글이기도 하다. 이를 통해 잠깐이지만 사회
경제적 지위와는 상관없이 인간의 실존에 있어서
주변부로 내몰리는 인간 개인에 대해 생각해 볼 수 있는
기회가 되었으면 하는 마음이다.

2021년 10월 토론토에서

차례

Part II.
존재의 의의, 그리고 구체화

Chapter 1. '나', 실존을 노래하다

Chapter 2. 서사적 존재, 실존과 삶

Part III.
경계선

Part I.
환대

Chapter 1.
환대를 위한 노래

환대, 존재, 경계선. 그 시작

내가 이승윤을 주목하게 된 결정적 순간이 아직도
기억에 생생하다. 그룹 산울림의 노래 〈내 마음에 주단을
깔고〉를 재해석한 그의 경연 네 번째 무대였다. 노래를
부르기 전 짧은 인터뷰에서 그가 한 발언은 내 눈과
귀를 의심케 했다. 그는 여기에서 세 가지를 말한다.
첫째, 자신은 "환대를 받았다." 둘째, 이제 자기 자신의
"존재의 의의를 구체화하겠다." 셋째, 자신은 "경계선에
서 있다." 환대, 존재, 경계선이라는 세 단어가 마치
운명처럼 내게 다가왔다. 신기했다. '지금 내가 뭘 들은

거지? 환대, 존재의 구체화, 경계선… 이라고?' 내 기억
속을 훑어보았다. 그 어느 예능 프로그램에서, 특히나
음악 경연 프로그램에 출연한 경연자에게서 이런
철학적, 사회학적 용어들을 들어 본 적이 있었던가?
그가 말한 이 세 주제는 이후로 내가 그와 그가 만든
음악을 이해하고 해석하는 데 있어서 토대로 삼을 만한
기본 가치와 방향을 제시했다. 삶과 음악이 떼려야 뗄
수 없는 관계인 것처럼, '환대', '존재', '경계선' 이 세
가지 렌즈는 그의 음악뿐만이 아니라 이 세상과 자아
이해에도 유익하게 사용될 수 있다. 이 책 또한 이 세
가지 틀로 구성되어 있으며, 각 장마다 이승윤과 그의
음악을 통해 고찰할 수 있는 오늘날 우리 시대의 환대,
존재, 경계선에 대한 글이 실려 있다.

우리는 신데렐라식 서사의 특징인 고난과 아픔을
겪은 개인의 성공 이야기에 몰입하게 되고 응원을
보낸다. 잊을 만하면 찾아오는 여러 오디션 또는 경연
프로그램이 그 대표적인 예라고 할 수 있다. 훌륭한
실력을 가졌지만 학생 시절 좋지 않은 행동 등으로
구설수에 오르내리는 사람들은 어느새 사라져 버리고
만다. 반면 실력과 인성을 겸비한, 동시에 흔히 '개천에서
용 난다'라는 말처럼 금 수저, 다이아몬드 수저가 아닌,
평범한 사람들이나 그보다 경제적으로 여유롭지 못한
환경에서 자라고 음악을 해온 참가자들은 시청자들의

인기와 주목을 받게 된다. 대중은 자신과 비슷한 처지에 놓인 참가자들에게 감정과 경험을 이입하며 동질감을 느끼고, 선호하고 응원하는 참가자가 매 라운드마다 경쟁 안에서 생존하거나 일정 순위 이상의 성취를 이루게 될 때 대리만족을 경험한다. 그러나 그것만으로 음악인 이승윤에 대한 인기를 설명하기엔 부족함이 있다. 일반적으로 지난 수년 간 지속되어 온 여러 오디션 프로그램의 우승자들이 우승과 동시에 빛의 속도로 잊혀 갔던 것과는 확실히 다른 점들이 눈에 띄기 때문이다.

　　나는 음악인 이승윤의 인기를 '대중의 소외받은 경험을 토대로 한 연대'로 바라본다. 앞서 잠시 언급했지만, 그는 자신이 받는 인기를 '응원', '성원' 등이 아니라 '환대'로 인식한다. 응원하는 것은 누군가의 성공 또는 성취를 향한 여정을 지지하는 것이다. 그리고 그것은 동시에 '떠나보내는 것'이다. 환대는 조금 다르다. 환대는 기본적으로 '함께하는 것' 그리고 '그곳에 함께 머무르는 것' 등을 의미한다. 심지어 그 상대가 낯설지라도 말이다. 나는 여기서 응원과 환대를 상반되는 위치에 놓으려는 것이 아니다. 그것은 자칫 누군가를 향한 진심 어린 응원과 성원이 배타적이고 분리적인 의미를 지니고 있다는 오해를 가져올 수 있다. 강조점은 환대가 가지고 있는 포괄적이고 수용적인 자세에 있다. 이승윤 또한 환대라는 단어를 즐겨

사용하는데 그의 음악과 말, 그리고 비록 방송에서
드러나는 모습이기는 하지만 다른 사람들과의 관계를
통해 어렵지 않게 환대의 마음을 발견할 수 있다.

환대를 위한 노래: 달이 참 예쁘다고

〈달이 참 예쁘다고〉는 아내가 내게 처음으로 소개해
준 이승윤의 노래이자 내가 그의 작품에 대한 철학적
해석을 시작함에 있어 그 첫 시작을 하기로 마음을
정하게 된 중요한 작품이다. 이 작업을 시작할 당시
개인적인 일들과 다른 글 작업 때문에 잠을 설치기가
일쑤였다. 고국을 떠난 지 적지 않은 시간이 지나면서
준 이민자가 다 되어 버린 삶은 경계선적 실존을
경험했다고 말하기에 충분한 상황이었다.[1] 그런 와중에
이 노래는 내게 그 선율의 잔잔함과는 달리 장벽으로
막혀 있는 듯 출구가 없어 보이는 현실을 살아가는 힘을
주었다. 노래의 가사를 곱씹으며 복잡한 마음을 잠시
내려놓고 휴식을 취하기도 했고, 오늘을 닫고 내일을
열, 살아갈 의지를 다지기도 했다. 나는 이 노래가 그가
꼽은 '죽음 3부작' 중 마지막에 해당하는 노래인 것을
나중에서야 알게 됐고, 그의 삶의 신조가 담긴 노래라는
것은 훨씬 나중에야 알게 됐다. 노래가 담긴 앨범의

커버부터 앨범 전체에 담긴 노래 한 곡 한 곡을 대표하는 성격의 이 노래, 〈달이 참 예쁘다고〉는 그의 실존적 고민과 함께 그런 고민들이 담긴 삶을 어떻게 풀어 나갈 것인지 다짐이 담긴 노래라는 점에서 중요하다.

경의롭고 신비한 밤하늘, 그리고 가늠조차 할 수 없는 우주. 인류는 얼마나 많은 의미와 욕망을 저 잡을 수 없는 우주와 별들에 던지듯 투영해 왔던가? 마치 저기 저 머나먼 별들에 인류의 미래가 약속되어 있는 것처럼 말이다. 그 미래에 과연 나도, 내 소중한 사람들도 포함되는 걸까? 어쩌면 저 대단해 보이는 별들도 별 의미 없을지도 모를 일이고 경외할 이유는 더더욱 없을지도 모른다. 하루를 살아가는 내겐 '저기 저 별 어딘가'가 아니라 '바로 여기'가 가장 중요하기 때문이다. 흙으로 대표되는, 내가 지금 두 발을 딛고 살아가고 있는 이곳, 이 척박한 경계선의 땅이 소중한 곳이다. '나'라는 인간이 실제로 존재하는 곳, 그 사실 하나만으로도 경외와 의미의 대상은 저기 저 우주가 아닌 한 인간이, 그리고 그와 함께 살아가는 사람들이 되어야 하는 것이 아닐까?

이 노래 〈달이 참 예쁘다고〉는 삶 속에 남겨진 '나' 자신을 향한 환대의 노래다. 삶은 존재 자체로 의미를 갖지만 그것은 '나'라는 자아의 실존에 달려 있다. 자신을 객관화해서 바라보는 것도 중요하지만 무엇보다

23

이 세상 가운데 던져지듯 남겨진 '나'라는 타자를
향한 따스한 포옹이 필요하다. 그 후에야 소멸하는
별들의 잔해와 같은 저 별들도, 내 주변을 채우고 있는
사람들도, 그리고 그 관계도 의미가 있을 것이다. 자신을
환대할 때에야 개인에게 주어졌다고 주장하는, 무언가
시공을 초월하는 더 큰 이야기도 비로소 의미를 갖는다.
자신을 향한 환대는 자신이 받았다고 하는 소명 또는
욕구의 충족만을 추구하지 않는다. '나'를 향한 환대는
내가 죽어도 길이 남겨질 이름을 위해, 그리고 성취를
위해 정진하는 것이 아니다. 우리는 종종 그런 자기
계시적인 인생의 목표를 이루기 위해 나 자신과 가족
등 주변 사람들을 얼마나 힘들고 모진 고통의 길로
끌고 들어가는지 모른다. 그들을 향한 환대와 배려도
없으면서 우주적 비전을 말하는 것이야말로 파괴적이고
환대에 반하는 반인간적인 삶일 것이다.

달이 참 예쁘다고

밤하늘 빛나는 수만 가지 것들이
이미 죽어버린 행성의 잔해라면
고개를 들어 경의를 표하기보단
허리를 숙여 흙을 한 움큼 집어 들래
방 안에 가득히 내가 사랑을 했던
사람들이 액자 안에서 빛나고 있어

죽어서 이름을 어딘가 남기기보단
살아서 그들의 이름을 한 번 더 불러 볼래
위대한 공식이 길게 늘어서 있는
거대한 시공에 짧은 문장을 새겨 보곤 해
너와 나 또 몇몇의 이름 두어 가지 마음까지
영원히 노를 저을 순 없지만

몇 분짜리 노랠 지을 수 있어서
수만 광년의 일렁임을 거두어
지금을 네게 들려줄 거야
달이 참 예쁘다
숨고 싶을 땐 다락이 되어 줄 거야
죽고 싶을 땐 나락이 되어 줄 거야

울고 싶은 만큼 허송세월 해줄 거야
진심이 버거울 땐 우리 가면무도회를 열자
달 위에다 발자국을 남기고 싶진 않아
단지 너와 발맞추어 걷고 싶었어
닻이 닫지 않는 바다의 바닥이라도
영원히 노를 저을 순 없지만

나, 너, 그리고 위로

사람은 죽어서 이름을 남긴다고 한다. 그러나 세상엔 빛으로 남아 전혀 모르는 사람들이 기릴지도 모를 그 이름도, 내 뒤로 남을 가족과 친구들에겐 한낱 죽어 버린 행성이라는 껍데기로 남는다면 무슨 의미가 있을까? 더 큰 선 또는 행복을 위한다는 명분을 위해 동분서주 일에 매진하는 삶도 중요할지 모르나, 정작 내게 있어 소중한 사람들의 이름 한 번 부를 정신도 없는 삶이라면 그리 큰 의미가 있을 리 없다. 생을 마감하고 하나의 별로 남을 수도 있다. 그러나 시적 화자는 그것을 거부한다. 액자 안에 담겨 누군가에게 추억되는 것이 아닌 지금 살아서 그들의 이름을 부르는, 부를 수 있는 지금의 실존과 환대가 중요하다. 지금 살아 숨 쉬는 나의 실존으로 소중한 사람들을 다시 부르고 함께함으로써 환대의 삶을 살 뿐만이 아니라 **결국 홀로가 아닌 함께 빛나는** 공동체의 삶으로 연결된다. 신적 계시나 소명, 또는 국가와 민족이라는 더 큰 정체성을 위해 모든 것을 바치는 삶도 중요하다. 하지만 그 부름 안에서 결코 지금을 살아 낼 책임이 사라지는 것은 아니다. 역사라는 거대한 물줄기 안에서 개인이 소외되어서는 안 된다. 개인이 사라지면 공동체도 사라진다. 많은 한국 기성세대들 대부분이 그 반대의 교육을 받으며 자라 왔고, 젊은 세대에게도 그러한 가르침만이 옳다고 강요한다. 국가가 사라지면 개인이 사라진다고. 그렇지 않다. 국가의 존속이 위험에 처하면 개인의 삶도 고통을 경험하겠지만, 그것이 개인의 사라짐을 의미할 수는 없다. 사람들의 삶은 어디에서든 계속되고 그 안에서 죽음이라는 명백한 한계는 삶을 향한 환대를 통해서만 극복되고 삶의 의지는 실현된다.

역사와 시간은 인간이 살고 있는 부인할 수 없는 실제reality다. 이런 실제 안에 놓인 인간은 언제나 언어로서 존재를 나타내 왔다. 그러나 그러한 언어는 언어 자체를 위해 존재하지 않는다. 언어는 인간의 마음을 담기 위해 사용되는 상징일 뿐이다. 그리고 그 상징의 가장 우선된 목적은 '나'와 '너', 그리고 다른 이들과의 추억과 마음들을 담기 위함이다. 즉, 언어가 상징으로 갖는 실제적 목적은 환대에 있다. 이처럼 환대는 인간에게 있어 영속적이어야 할 당위성을 갖는 몇 안 되는 위대한 가치들 중 하나다. 역설적이게도 이러한 인간의 환대적 마음과 존재가 담기는 것은 신비한 마법 또는 정반대에 위치한 과학이 아닌 일상의 언어다. 철학자 비트겐슈타인Ludwig Wittgenstein과 현대 철학자 리처드 로티Richard Rorty까지 내려오는 언어분석철학에서 그 생각을 엿볼 수 있다. 그러나 과학적 언어만이 논리와 실재substance를 증거한다고

주장하는 현대철학의 엘리트주의와는 다르다. 평범한
우리들에겐 무엇이 참 논리인가? 나, 너, 그리고
우리에게 있어 말이다. 인간은 교육, 경제, 정치적
자산과는 상관없이 각자 자신만의 진리에 대해 의심하고
정의 내릴 권리가 있다. 동시에 그것은 자신에 대한
책임이다. 인간의 삶이 계속되는 한, 역사와 시간은
끝나지 않을지도 모른다. 그 가운데 새겨지는 인간의
언어는 단순히 철학적 사고뿐만이 아닌 나와 다른 이가
함께 공존하는 인생의 이야기를 담고 있다. 그렇게
인간의 존재를 담는 언어는 타인을 향할 때에만 의미가
있다. 그 대상이 한 개인에 지나지 않을지도 모른다.
그러나 그것만으로 시적화자에게는 저 신비해 보이는,
압도할 만한 우주를 무시할 정도로 소중하다. 이 모든
아름다움과 위대한 과학적 공식으로 채워진 우주조차,
인간의 생과 죽음, 그 유한함 안에 찰나처럼 담겨진
의미보다 더 값지진 않다. 결국 그 모든 것이, '나'
그리고 '너', 우리의 삶의 경이로움과 위대함, 소중함이
"달이 예쁘다"는 하나의 말로 표현될 뿐이다.

　달은 우리 각자를 말한다. 나에게로 환원되는 듯한
언어적 정의는, 결국 언어를 들려줄 '다른 이'를
가리킨다. 달이 참 예쁘다고 당신에게 말해 주고 싶다.
이 말을 전하는 나도, 당신도, 우리도 참 괜찮은 존재다.
'달이 예쁘다'는 이 말, 즉 저 달처럼, 아름다운 무언가는

곧 유한함을 함께 내포한다. 저 아름다워 보이는
별들마저 사실은 죽어 버린 행성의 잔해인 것처럼
말이다. **존재하는 것은 정해진 한계가 있다. 하지만 시적
화자는 이것마저 괜찮다고 말한다.** 함께한 후 남겨지는
누군가 다시 나를, 또 당신을 바라보며, 추억하며,
존재하며 불러줄 테니 말이다. 이 유한한 아름다움은
현실의 규범이 정해 놓은 도덕률을 뛰어넘는다. 실존적
아름다움 그 자체가 인간에게 있어 가장 선한 것으로
남는다.

　서로를 향한 환대가 가지고 있는 미학은 이렇게
새로운 윤리를 만듦으로써 기존의 윤리적 편견들을
역전시킨다. 결국 사멸하는 듯 보이는 인간 존재의
의미가 어디 있는가에 대한 창작자의 생각을 또렷이
드러내 준다는 점에서 마지막 구절은 환대의 장르적
특징을 보여 주는 이 노래의 절정이라고 할 수 있다.
우리는 누구나 한 번쯤은 다락방과 같은 장소에 숨고
싶은 경험을 한 적이 있다. 쥐구멍에라도 들어가 숨고
싶은 순간, 부끄럽거나 두려운 일이 일어나 몸서리쳤던
때가 있다. 인간은 언제나 예상치 못한 일들에 대해
두려워하고 그것을 회피하기 위해 살아간다. 나락까지
떨어진 삶 또한 없었던가? 허름한 집 조그마한 방
한 칸에 온 식구가 살았던 시절이 될 수도 있고, 그
가운데에서 허송세월하지 말고 현실을 받아들이라는

31

가까운 사람들의 조언 아닌 조언에 마음속으로 울어야만
했던 시간들이 우리에게는 있다. 세상을 살아가면서
가면을 쓴 듯 진심을 숨겨야 하는 때는 이제 일상이 되어
버렸다. 세상이 변했다고 하지만 여전히 대기업 등의
직장문화에서는 썩어져 가는 구습을 전통이라는 말로
덮을 뿐 질문을 허용치 않는다. 조직 사회와 거대 자본
안에서 개인은 그 어디에서나 한낱 도구로 이용되고
적절한 시기에 버려질 뿐이다. 이 모든 이야기들을
이승윤 본인의 자전적 얘기나 경험이라고 생각할
필요는 없다. 음악가나 작가들은 이야기로서 숙고하고
가능한 의미들을 언어에 담는 작업을 하니 말이다. 많은
사람들이 이 노래, 특히 이 구절을 사랑하는 이유는
그것이 이 음악가의 이야기라기보다는 누구나 한
번쯤 경험해 봤을, 그리고 지금도 경험하고 있을 슬픈
이야기들이기 때문이다. 현대 사회를 살아가는 사람들은
거의 대부분 누구나 이런 경계에 놓였지만 환영받지
못하고 버려진 경험을 한 인생들을 산다. 억눌림과
무시의 경험, 소외되고 내몰린, 환대받지 못한 삶은
사회의 지배적 소수를 제외하곤 사회, 문화, 경제 등
여러 측면에서 대부분의 사람들에게 공감되는 이야기다.
그리고 이 노래의 놀라운 점은 이러한 기존의 통념과
편견들로 터부시되어 왔던 모습들이 사실은 인간으로서
자연스러우면서도 용납할 만하다는 위로에 있다. 괜찮다.

그렇게 넘어져 울고 숨어도 된다. 누군가 당신의 삶을 허송세월이라고 손가락질할지라도 괜찮다. 때로는 가면을 쓴 듯, 진심을 숨겨도 괜찮다. 생존하는 지금 당신의 삶을 나는 환대하리라. 환대의 삶만이 아름다운 무도회처럼 여기 펼쳐져 있다. 함께 걷자. 그리고 살아 내자. 끝이 보이지 않는 바다처럼 저 절망의 밑바닥이라 하더라도 말이다. 그보다 더 깊은 존재의 심연까지 나는 당신과 함께하겠다. 이 바다를 건너고야 말겠다. 이런 환대의 다짐은 저 우주를 향한 경외감보다 크고 위대하다. 〈달이 참 예쁘다고〉라는 이 노래는, 세상이 정해 놓은 법칙과 규범에 맞추지 않아도 한 존재로서 살아가기 위해선 다른 무엇보다 '나'와 '너', '우리'가 서로 환대하는 길이라는 것을 생각하게 하는 노래다.

Chapter 2.
환대: 그 낯설음에 관한 탐구 (with 음악)

음악과 상징과 환대

이승윤이 표현하는 환대는 그가 방송을 통해 대중과
만나기 훨씬 이전부터 함께해 오던 그의 음악에서 쉽게
찾아볼 수 있다. 뿐만 아니라 그가 추구하던 음악적
장르와 영향받은 아티스트들에 대한 이야기들과도
연결된다. 여기에는 음악 그 자체와 그의 음악적
토대가 되는 락 장르가 담고 있는 환대에 대한 생각과,
클래식부터 락이나 트로트 등 대중음악을 모두 아우르는
음악 자체가 지닌 환대적인 면까지 포함된다. 그리고
특히 락이라는 음악 장르가 가지고 있는 독특한

이야기를 통해 음악인 이승윤이 자신의 음악에 뿌려 놓은 환대의 씨앗들을 더 잘 이해할 수 있다.

　물론 이런 점들은 그가 받은 음악적 영향과 직접적으로 연결된다. 자신에게 영향을 준 음악가들에 대해 말할 기회가 있을 때마다 항상 언급되는 음악인들이 있다. 가장 첫 손에 꼽히는 사람은 음악인 이적이고, 다음으로는 지금은 해체한 90년대 영국 락 밴드 오아시스Oasis가 있다. 그리고 딱 한 번 언급됐지만 음악인 이승환이 있다. 사실 언급된 빈도수를 봤을 때 이적과 오아시스의 영향이 절대적이라고 볼 수 있을 것 같지만 동시에 그들과 동시대에 활동했거나 비슷한 음악 장르의 다양한 음악들이 그에게 영향을 끼쳤음을 추측해 볼 수 있다.

　오아시스, 이적, 이승환 등과 같은 아티스트들은 특히 90년대 가장 많은 사랑을 받던 팝 아티스트들이라는 공통점이 있다. 이 말은 한편으로는 그들에게서 받은 직접적인 영향을 말하기도 하지만, 다른 한편으로는 90년대 전반에 걸쳐 대중들에게 사랑받고 불리던 음악들에 대한 기억과 상징으로 이해할 수 있다. 음악을 좋아하고 자기만의 가수를 찾아 듣고 따라 불렀던 그 당시 평범한 젊은 세대처럼 말이다. 아니 굳이 젊은 세대로 한정시킬 이유는 없겠다. 모든 세대 대부분의 사람들은 각자가 선호하는 음악을 듣고 각자의 상황

35

속에서 여러 모양으로 즐기고 참여하기 때문이다.

　그것이 음악이 가지고 있는 힘일지도 모른다. 정해진
답이나 형식 없이 각자가 느끼고 즐기고 부를 수
있다. 그 힘을 여러 가지로 정의할 수 있겠지만 다른
무엇보다도 음악이 주는 이러한 힘은 '자유'와 연결된다.
특히 이승윤 음악의 기본 토대를 이루는 장르가 락이기
때문에 더 그런 생각이 드는지도 모른다. 물론 음악의
존재 여부와는 상관없이, 또 장르와는 관계없이 모든
사람들은 자유하다. 자신의 생각을 말할 수 있고,
자신의 방식대로 자유롭게 삶을 살아갈 수 있으며, 또
그래야만 한다. 그러나 실제 삶 속에서 우리가 누리는
자유는 우리가 흔히 듣거나 배우는 이상적인 자유와는
거리가 멀게 느껴진다. 학업이나 생업 가운데 받게 되는
여러 외부에서 오는 눌림은 지금의 내 삶이 진정으로
자유한 삶인지를 고민하게 한다. 그러나 역설적이게도
자유는 언제나 구속 가운데에서 발휘된다. 자유는
언제나 한계와 제한 속에 존재한다. 이런 특징을 가장
극명하게 발견하고 경험할 수 있는 분야 중 하나가
음악이라고 생각한다. 음악이야말로 악보라는 제한 안에
무한히 수놓아지는 자유로운 '인간 혼'의 실체라고 할 수
있다.

　한 음이라는 실체는 명확하고 흔들림 없이 한
위치에 자리를 잡는다. 길이와 세기의 제한이 입혀지는

것은 자유를 위한 필요악인지도 모른다. 그렇게 구속 가운데에서 자유로운 한 음은 다른 음을 맞이하고 서로를 환대한다. **오선지라는 제한된 공간 안에 하나의 음이 지배하지 않으며 하나의 길이 또는 세기만이 전체를 지배하지 않는다. 서로 다른 음들과 세기들이 환대의 자리에서 서로를 맞이하며 아름다운 화합을 이룬다.** 특히 락이라는 대중음악 장르는 이를 극단적으로 발휘하는 형태이기도 하다. 한 음으로는 락뿐만이 아니라 그 어떤 대중음악도 이뤄질 수 없고 존재하지도 않는다. 기타 또는 피아노 같은 한두 가지 악기만으로 대중음악을 하기도 하지만 그건 어디까지나 특별한 경우에 한해서다. 한 가지 악기만으로는 좋은 대중음악, 특히 락 음악을 할 수 없다. 기타와 다른 악기들은 음이 조율되어 있어야 하고 드럼도 알맞게 준비되어 있어야 한다. 하모니를 내기 위해서 박자와 음에 대한 약속도 지켜져야만 한다. 기술적인 부분을 넘어서는 감정적인 음악가들의 합도 중요하다. 그런 종합적인 음악적 언어들과 인간적 요소들은 일정한 제한과 한계 안에서 자유와 저항, 사랑과 비극을 노래한다. 음악, 특히 락이라는 진보의 음악은 그렇게 꽃피워 왔다.

락 음악과 환대 I: 철학적 탐구

많은 사람들은 락 음악에 편견을 가지고 있다. 락은
거칠고 시끄러우며 락 뮤지션들은 삶이 방탕하다거나
반항적이라는 인식 말이다. 그러나 락 음악이 가지고
있는 저항의 상징은 이렇게 음악이 가지고 있는 자유와
환대의 정신에 기반한다. 자유는 음악이라는 제한된
매개체를 수단으로 한다. 그 안에서 최대한의 인간의
자유를 표현한다. 그래서인지 때로는 악기 수의 최소화
또는 단순화를 락 정신에 부합한다고 생각하기도 한다.
락 스피릿의 고유성을 주장하는 사람들은 기타와 드럼
이외에 다른 악기들의 관여를 락 정신의 변질 또는
현실과의 타협으로 주장하기도 한다. 그러나 이런
주장은 락이라는 음악이 가지고 있는 락의 서사를
이해하지 못하기 때문이다. 멈춤 없이 다가오는
미래의 자유, 락이라는 음악이 약속하고 상징하는
자유는 과거와 현재의 환대적 요소로 구성되어 있다는
아이러니를 이해할 필요가 있다. 락의 발생 자체가 재즈
음악의 엘리트화와 복잡성이 불러온 대중적 쇠퇴기에서
시작되었다는 점은 흥미로운 사실이다. 락은 그러한
변환기에 블루스를 중심으로 한 포크, 재즈, 클래식,
락어빌리 Rockabilly **2** 등의 여러 음악들이 혼합된 형태에서
시작되었고, 초기부터 트럼펫과 같은 금관악기부터

피아노 등의 건반악기들이 자유롭게 사용되기도 했다.

사람들이 가지고 있는 락이라는 음악에 대한 편견에 대해 조금 변호를 이어가자면, 한때 락 음악을 '악마의 음악'이라며 터부시하던 때가 있었다. 사실 그 이유는 흑인들이 하던 블루스에 대한 평가에서 비롯된 말이었다. 흑인들이 하는 음악이 담고 있는 아프리카 토속 음악적인 요소는 당연히 아프리카 원주민들이 행하던 주술적인 의식과 닿아 있었고, 이런 인종적, 문화적 특징이 녹아 있으며 흑인들 위주로 연주되는 블루스를 저평가하기 위해 백인들은 블루스를 '악마의 음악'이라고 부르기 시작했다. 공교롭게도 블루스 음악의 색깔이 짙던 초기 락앤롤Rock'n Roll 아티스트들, 예를 들면 샘 쿡Sam Cooke과 마빈 게이Marvin Gaye 등을 비롯해 뛰어난 락 보컬리스트들은 교회 가스펠 가수들이었고 가스펠 음악에서 많은 영향을 받기도 했다. 사실 락에 대한 블루스의 영향은 절대적이라고 할 수 있다. 블루스 기타 연주에서 주로 사용되는 펜타토닉 스케일(5개의 대표음, 즉 '도, 레, 미, 솔, 라'로 구성된 음계로 블루스를 비롯해 재즈 등의 음악 장르에서 주로 쓰인다)이 락 사운드의 기초가 되는 것만 봐도 블루스의 영향을 알 수 있다. 블루스의 스티비 레이 본Stevie Ray Vaughan과 비비 킹B.B. King 등의 음악에서 쉽게 발견되는 블루스의 펜타토닉 연주는 딥 퍼플Deep Purple과 레드 제플린Led

Zeppelin 같은 레전드 락 밴드들에게서 쉽게 발견된다. 물론 이승윤에게 영향을 준 그룹 오아시스와 직접적으로 연결되는 롤링스톤스 The Rolling Stones 와 비틀스 The beatles 의 음악에서도 펜타토닉 스케일과 같은 블루스 계열의 음악적 틀이 자리 잡고 있다. 롤링스톤스라는 밴드의 이름도 블루스 아티스트였던 머디 워터스 Muddy Waters 의 노래 '롤링 스톤'에서 유래했을 정도였다.

블루스와 더불어 재즈의 영향도 무시할 수 없다. 예를 들면 초기 락 드러머들은 재즈 드러머였다. 그들은 단순히 일정하고 고정된 드럼 비트만 연주하지 않았다. 재즈 드러머들이 재즈를 연주할 때처럼 자유자재로 연주했고, 특히 그들이 밴드 내에서 듣고 느끼는 음악에 반응하는 즉흥적인 비트를 연주했다. 보컬과 리드 기타, 베이스기타 소리를 들으면서 거기에 맞춰 반응하는 것이 락 드럼의 시작이었다. 롤링스톤스의 드러머 찰리 와츠 Charlie Watts 도 재즈 드러머 출신이었고 지금도 재즈 드럼을 연주한다. 이런 재즈적 드럼의 특징이 접목된 초기 락 또는 락앤롤은 1950년대 미국 중서부를 중심으로 한 락어빌리 음악을 통해서 더 경쾌한 속도감과 비트의 형식을 갖추게 된다.

여기에 클래식 음악의 영향도 빼놓을 수 없다. 오늘날 모든 팝 또는 대중음악에서 이해되고 사용되는 멜로디와 악보의 편곡, 그리고 음들의 역동성은 기본적으로

클래식에서 출발하기 때문이다. 이렇게 당시 연주되던
모든 음악들이 락이라는 음악의 발생과 성장에 영향을
준다. 여기서 미국식 락과 영국을 중심으로 한 유럽식
락이 갈라진다. 미국의 락 뮤지션들은 블루스와
재즈, 포크 음악 등을 들으면서 자란 반면, 유럽의 락
뮤지션들은 클래식의 영향을 많이 받게 된다. 단순
비교를 하기에는 무리가 있겠지만 가장 이해하기 쉬운
예를 들자면, 미국 시애틀 출신의 그룹 너바나^{Nirvana}와
영국 멘체스터 출신의 오아시스를 보면 이 차이가
뚜렷하다. 너바나의 그런지 락^{Grunge Rock 3}이 거칠고
시끄러운 소리와 저항과 즉흥성에 중점을 둔다면
오아시스의 영국식 락은 비교적 서정적인 멜로디와
가사가 주를 이룬다. 전부는 아니겠지만 음악인
이승윤의 락 음악이 담고 있는 서정성도 오아시스가
가진 이런 유럽식 락 음악의 특징에 닿아 있다는 생각도
들었다.

　이처럼 다양한 음악 장르들의 요소들이 혼합되고,
동시에 대중이 즐길 수 있도록 단순화되면서 탄생한
락이라는 장르는, 이러한 태생적 특징으로 인해 장르
자체가 굉장히 딱 부러지게 '무엇이다'라고 정의내리기
모호한 음악이라고 할 수 있다. 그럼에도 한 가지 명확한
점은 락은 비교적 손쉬운 리듬과 멜로디, 그리고 기존의
부드러운 팝 음악들보다 훨씬 거칠고 다듬어지지

않은 소리로 일반 대중들, 특히 젊은 세대에게 빠르게
받아들여졌다는 사실이다. 이러한 수용성은 기존
사회 내의 굳어진 제도를 향한 저항 정신에 기반한다.
발전하는 산업과 자본주의 사회에서 깨어지고 파편화된
개인들의 자아 인식이 락이라는 음악적 수단에
덧입혀졌다고 할 수 있다. 그래서 락과 락적인 표현은
기존의 방식이나 질서, 형태를 깨뜨리거나 혁신하는
모델과 상징으로 발전하게 된다. 특히 그 중심에는
보컬적인 요소가 중요하게 자리 잡게 되는데, 락
보컬이라는 위치는 보컬리스트가 가지고 있는 에너지와
기량을 극단적으로 폭발시킬 수 있는 용기를 허락한다.
이러한 특성을 살려 락 보컬리스트는 자기 계시적이고
거리낌 없는 솔직한 열정으로 슬픔과 저항, 비난과
찬양의 노래를 부른다. 그렇기 때문에 때로는 락에
에너지는 많지만 소울이 결핍돼 있다는 비판을 받기도
한다.

그러나 락 보컬이 가지고 있는 질감은 에너지라는
단어만으로는 설명할 수 없고 담아낼 수 없는 인간의
신비한 영혼을 담기에 충분한 도구로 사용 및
인정되어 왔다. 그것은 인간 실존이 지닌 단순화할
수 없는 신비함을 형식 없이 읊조리거나 포효하듯
내지르는 형식까지 아우른다. 이처럼 락 보컬에는
다른 장르들에서는 담아내지 못하는 즉흥적이면서도

직접적인 인간 감정에 대한 순수한 욕구와 표현이 담겨
있다. 이런 특징은 이승윤의 음악과 그의 보컬뿐만이
아니라 많은 락 음악에도 이어지는 특징이라 할 수 있다.

그렇게 락 음악은 엘리트가 아닌 대중의 대화
수단으로 자리 잡게 된다. 락 음악이 가지고 있는 표현적
풍부함은 인간적 색채의 짙음을 달성하거나 이루는
기술로 사용된다. 그것을 통해서 무질서의 상징인
락은 곧 그러한 무질서한 상징들을 젊음의, 또는 인간
본연의 자유를 가리키는 성스러운 상징들로 역전시킨다.
이 변화된 상징은 단순히 설명을 위해서만 사용하지
않는다. 이 상징은 본질적으로 거룩한 것으로서 환대의
의미를 담고 있다. 이로서 락은, 철학자이자 사회학자인
에밀 뒤르켐^{Emile Durkheim}이 말했던, 무질서와 모호함,
추상성의 상징주의를 향한 보편적 추구를 통해 집단의
통일을 강화하고 그것을 예식화하는 성스럽고 전통적인
상징을 가지게 되었다. 이러한 무질서한 상징들의
역전은 이승윤의 작품들을 가득 채우고 있다. 빛과
어둠, 계층 간의 대비와 가치의 역전 등 도시와 사회
내에서 임의적이고 때로는 무작위적이며 위험하게
경험될 수 있는 세상에 대해 이승윤은 락이라는 음악에
직설적이면서도 추상적인 가사를 싣는다. 이런 음악을
통해 사람들은 기존 사회가 제시한 규범적 틀과
상징들을 재해석하고 각자의 새로운 의미를 세울 수

있는 단초를 마련하기도 한다.

특히 이승윤과 같은 아티스트들의 음악세계를 이해하려면 상징이 갖는 의미를 이해하는 것이 필요하다. 상징을 사용한다는 것은 상징으로서 세상을 이해하는 것과 같다. 그가 어떤 상징을 사용한다는 것은, 그 상징이 세상을 이해하는 본인만의 렌즈이자 그에 따라 행동하고 생각을 조정하는 일련의 사고의 과정들이 마련되어 있음을 의미한다. 그것은 그만의 특정한 경험과 철학을 기반으로 한다. 우리가 하는 여러 경험들이 의미를 가지기 위해서 상징이 사용되는데 구체적으로는 언어를 통한 의미 전달이 중요하다. 언어를 통한 상징은 그것이 가리키는 본질에 대한 설명이기 때문에 상징을 접할 때 사람들은 막연하게나마 무언가 중요한 것에 연결되는 것을 느끼게 된다. 동시에, 오히려 그렇기 때문에 상징은 다차원적 또는 다의적이다. 이 말은 즉, 상징이란 하나로 분명하게 정의 내릴 수 없다는 말과 같다. 상징을 경험하는 사람이 처한 상황에 따라 얼마든지 다르게 해석할 여지가 있고 그래야만 상징이 가리키는 본질이 가진 힘의 역동성을 경험할 수 있다. 그것이 문화로, 특히 노랫말로 표출되는 언어적 상징의 힘일 것이다. 문화와 음악, 노래로써 무언가가 주장될 때, 그것은 비현실의 세계에 숨어 있는 무언가가 '의미의 세상'으로 들어오는

것을 의미한다. 그것은 짜여지고 질서 잡힌 현실 세계에
대한 이해와 그에 대한 대비책, 전략들을 기반으로 한
개인의 이해를 포함한다. 그래서 노래와 같은 언어적
상징은 기본적으로 현실의 질서에 대한 묘사 또는
설명을 담고 있다. 그리고 동시에 그에 대한 반향 또는
반작용으로서의 무질서와 모호함, 그 대결 관계를
넘어서는 '무언가' 본질을 가리킨다.

어쩌면 대중 또는 특정 팬덤에게 있어 이승윤이란
음악인과 그의 음악은 성스러운 상징처럼 경험되는
것일지도 모른다. 그것은 기존 규범에 부합되지 않아
낙오한 개인들의 가치들과 이야기들에 대한 갈망과
다르지 않다. 사회의 체제와 질서에서 배제된 사람들이
찾고 또 원하던 그러한 상징 말이다. 그래서 그의
음악에는 앞서 설명했던 락 음악과 이러한 상징의
특징들이 고스란히 녹아 있고 또 그렇게 표출된다.
그는 다음의 세 가지를 음악으로 구체화한다. 첫째,
그는 선하고 긍정적이라고 가르쳐 왔던 기존의
가치들이 사람들을 학대하거나 억압하는 오용으로
빠져 버리는 오류를 포착한다. 특히 주변화된
사람들에게 당연하리만치 강요되는 기존 질서에 대한
재해석을 시도한다. 이 주변화된 사람들은 주로 질문을
제기하기보다는 복종하고 따르도록 요구받는 위치에
놓인 사람들을 의미한다. 둘째, 그는 희생당하거나

피해를 받는 사람들이 가지고 있는 논리에도 존중받아야
할 가치가 있음을 조명한다. 그 누구라 하더라도
억압하는 계층과 구조에 대해 저항할 수 있음을
자신의 노래를 통해서 주장한다. 특히 가장 최선의
방법이 아닐지는 몰라도 그 억압을 견디는 모습을
과시하는 모습으로서 자신만의 도덕적이고 비판적인
목소리를 높인다. 셋째, 이승윤은 그의 음악을 통해서
어떤 경험이든 그 안에 도덕과 비도덕이 공존한다는
양면성을 반영한다. 그리고 이러한 대결과 긴장 관계는
'그 너머'에 있는 대안과 그것으로 나아가기 위한
환대를 함의한다. 이러한 특징은 음악에 맞춰 표현되는
몸짓이나 춤에서도 볼 수 있는데, 이런 제스처는 보는
이들을 위한다기보다는 본인이 음악 안에서 경험하는
즐거움과 가치를 극대화한다는 데 방점이 찍혀 있다.
보여 주는 예술로서의 춤이 아니라 기존 도덕을
초월하는 진정한 개인으로서 쾌락을 발산하는 춤
말이다.

그렇게 그의 음악, 보컬, 몸짓은 개인만의 완벽함을
추구하는 미완성의 힘이다. 고통 속에서 피어나는 꽃
또는 불사조와 같은 상징을 가지고 있지만, 동시에 너무
멀리 떨어져 있는 것 같지 않고 언제나 동네 어딘가에서
마주칠 법한 그런 익숙하고 친밀한, 가치 판단이라는
정죄의 빗장은 찾아보기 힘든 그런 상징 말이다. 우리는

이승윤이라는 상징을 통해 자신만의 개성과 이야기가 충만한 자유인을 그려 본다. 뒤틀려졌다고 믿는 사회 구조 속에서 함께 고통받으며 살아왔을, 그러나 그러한 것에 굴복하지 않아 온 불굴의 개인으로서의 '나' 말이다. 현대 한국 사회에서 너무나 흔치 않은 그런 실존으로서의 상징과 자아를 사람들 각자는 이승윤을 통해 그리고 있는 것인지도 모른다.

락 음악과 환대 II: 브릿팝 그리고 오아시스

개인적으로 이승윤의 이전 음악들을 들으면, 전자 기타와 드럼이 이끄는 멜로디 라인에서 확실히 브릿팝적인 색깔이 짙게 보인다. 그 스스로도 (영국) 락밴드들을 보고 자랐기 때문에, 팬데믹 이후 해외 공연을 할 수 있게 된다면 가장 가 보고 싶은 나라로 영국, 특히 축구의 성지이자 브릿팝의 성지인 웸블리 스타디움에서 공연하는 꿈이 있다고 말하기도 했다. 그가 한국 사람으로서 노랫말의 의미와 철학을 담아 전달하는 데 있어 가수 이적에게 영향을 받았다면 음악적인 측면에서는 오아시스를 비롯한 많은 영국 락밴드들에게 영향받은 것일지도 모르겠다. 80년대 태동해 90년대 꽃피웠던 브리티시 락 또는 브릿팝은 비단 영국과 미국뿐만이 아니라 동시대를 살며 음악을 사랑하는 수많은 전 세계 사람들에게 영향을 끼쳐 왔다. 브릿팝 또는 브릿팝에 영향받은 음악을 경험한 사람들이라면 오아시스를 모를 리 없고 오아시스는 몰라도 오아시스의 노래를 들어 보지 않은 90년대 청춘은 없을 것이다. 물론 한국의 '떼 창'과 관련된 영상으로 음악에 별로 관심이 없는 사람들에게까지 알려지게 된, 이제는 공연 투어 스케줄을 짤 때 자신의 생일 기간에 맞춰 항상 한국 투어를 잡고 있다고 하는 노엘 갤러거Noel Gallagher를 보면, 굳이 그 시대를 겪지 않은 오늘날 많은 한국의 젊은 세대들도 오아시스를 잘 알고 있다는 것을 알 수 있다. 브릿팝 특유의 기타 멜로디가 곡을 이끌어 가는 가벼우면서도 다듬어지지 않은 듯한 거친 소리, 하지만 서정적이고 추상적인 가사는 밝음과 우울함, 공존과 외로움, 일상의 의미와 허무를 동시에 담을 수 있다는 매력이 있다.

이승윤의 음악이 단순히 오아시스나 브릿팝의 음악적 색깔만 닮거나 영향을 받지는 않았다고 생각한다. 영국 스타일의 락과 팝 음악이 본격적으로 성장하기 시작했던 70-80년대 영국 락 씬scene에서 보여 주었던, 그리고 오아시스의 음악에도 남아 있는 개인의 에고ego, 즉 자아를 향한 향수가 그의 음악에서도 발견된다. 발전해 가는 산업과 자본주의 사회에서, 특히 공장

노동자들이 다수를 이루고 있는 멘체스터의 70년대는 말 그대로 영국의 경공업 산업이 쇠퇴하며 암울하고 병적인 우울함이 가득 찬 곳이었다. 그런 배경에서 70-80년대 멘체스터를 연고지로 한 브릿팝 밴드인 더 스미스The Smiths, 더 스톤 로지스The Stone Roses 등이 오아시스의 리더이자 오아시스 대부분의 음악을 작곡했던 갤러거 형제의 형인 노엘 갤러거에게 끼친 영향력은 결코 작지 않다. 물론 노엘 갤러거는 당시에도 이미 비틀즈를 좋아했다고 얘기하긴 했지만 본인의 기타 연주와 작곡 및 곡을 쓰는 것에 있어서 스미스와 스톤 로지스의 영향력은 중요하다고도 얘기했다. 특히 더 스미스의 리드 기타이자 팀 음악의 대부분을 작곡한 조니 마Johnny Marr의 기타는 스톤 로지스의 존 스콰이어, 오아시스의 노엘 갤러거에게 직접적인 영향을 줬다. 좁게는 한 사람이지만 넓게는 80년대를 살아온 영국인들에게 더 스미스의 상징인 모리세이Steven Morrissey와 조니 마가 함께 만든 노래들이 끼친 영향은 무시할 수 없다. 해리 포터의 작가 롤링J. K. Rowling도 자신의 책이 왜 여전히 많은 어른들에게, 특히 전 세계의 많은 아이들에게 읽혔을 뿐만 아니라 그 아이들이 장성해 어른이 되었음에도 여전히 많은 사랑을 받고 있는 점에 대한 질문을 받았을 때, 더 스미스의 리드 싱어였던 모리세이가 자신의 어린 시절 우상이었을 뿐만 아니라 여전히 자신의 상상력과 감수성에 있어 중요한 부분을 차지한다고 빗대어 대답한 적이 있다. 이처럼 음악은 많은 사람들의 인생에 영향을 준다. 음악은 어느 한 순간에 예기치 않게 다가오거나 만나게 되지만 그 영향은 평생 지속된다. 그런 점에서 이승윤이 말하는 오아시스와 이적의 음악적 유산은 확실히 흥미로우면서도 무시할 수 없는 부분이다.

물론 오아시스를 이야기하려면 그 위로는 더 스미스, 그리고 그 위로는 더 잼The Jam 등의 영국 락 씬에 대해 이야기해야 한다. 더 잼이 해체하면서 더 스미스가 등장하는데 노엘 갤러거는 이때를 회상하며 자기는 더 잼의 해체 이후 더 스미스에게 완전히 빠져 버렸다고 말하기도 했다. 거기엔 실생활에 가까운 언어들, 하지만 시적인 은유와 추상적인 표현들이 절묘하게 뒤섞인, 동시에 70년대와 80년대 영국병이라고 불리는 어둡고 침침한 시대적 배경을 표현해 낸다는 특징이 있다. 특히 지역 경제가 무너져 버린 맨체스터 등의 주요 공업 도시 등에서 태생한 밴드들에게 이러한 특징이 두드러진다. 당시 영국사회를 묘사하듯 황량하리만치 메마른 감정으로 인간의 어두운 좌절이 깊이 베인 염세적 삶을 노래하는 밴드들이 주로 많았는데, 이러한 점이 70년대 말과 80년대를 지배하는 브릿팝의 특징 중 하나로 자리 잡게 되었고, 이러한 특징은 경제적 변혁기를

거치는 90년대의 락 씬과 감수성에도 영향을 주며
오아시스에게로 이어진다. 물론, 90년대로 넘어오면서
일상의 평범함과 조금은 나은 내일을 향한 밝은
분위기가 브릿팝에 더해지긴 했지만, 영국 특유의 흐린
하늘과 같은 회색빛은 브릿팝에서 사라지지 않았다.

　락이라는 장르가 비교적 거친 소리를 다루기 때문에
환대와는 거리가 멀다는 생각을 할 수 있다. 그러나
락은 개인으로 시작해 집단으로 이동한다는 점에서
환대를 넘어선 연대로까지 확장될 수 있다. 그룹 퀸, U2,
본조비밴드 등 수많은 락 그룹들의 역사만 봐도 음악
하나로 전 세계 수많은 사람들이 하나 되는 경험을 쉽게
찾아볼 수 있다. 락은 재즈처럼 어렵지 않다. 재즈가 몇몇
독창적이고 창의적인 음악적 재능들에 의해 연주되고
추구되는 반면, 락은 어쿠스틱 기타 하나로 시작할 수
있고 누구나 쉽게 접할 수 있다는 점에서 대중적이며
환대의 마음과 어울린다.

　세계적 밴드 오아시스의 음악도 대부분 쉬운 코드
진행에 서정적인 멜로디와 가사가 입혀져 있다는
점을 봐도 락이라는 장르가 얼마나 대중에게 쉽게
다가갈 수 있는지 알 수 있다. 락 음악은 충분히 환대의
마음을 전할 수 있는 도구 그리고 통로다. 개인 한
명이 기타 하나로 시작해 드럼과 베이스기타를 더할
수 있고, 곡에 따라 여러 악기들을 더하기도 한다. 그룹

더 스미스의 조니 마조차 밴드 초기에는 락 음악에
키보드를 사용하는 것을 죄악시했지만 밴드 중반부터
자신의 음악적 풍성함을 위해 건반 연주를 더하기도
했을 뿐만 아니라 다양한 악기와 흑인 음악을 자신의
곡에 적극적으로 받아들인 것만 봐도 저항과 반항의
상징처럼 여겨지는 락 음악이 어떻게 그 영역을 넓혀
갈 수 있는지를 생각해 볼 수 있다. 물론 이러한 곡의
변화 때문에 더 스미스 그룹의 보컬이자 상징이었던
모리세이와의 사이가 점점 더 멀어지게 되었지만
말이다.

　락 음악은 저항의 음악이면서 시대정신을 대변하는
음악이기도 하다. 그래서 젊은 세대뿐만 아니라 전
세대가 사랑하고 즐길 수 있는 음악이다. 그 어느
음악보다 듣는 이들과 호흡하고 대중과 함께하는
음악이라는 점에서 인간이 지닌 관계성과 환대의
정신이 녹아 있다. 이승윤을 예로 들어 설명하자면
그가 속한 밴드나 여러 공연 동영상들을 보면 라이브
무대에서 관객들과 여러 가지 모습으로 소통하는 것을
쉽게 볼 수 있다. 특히 그의 곡, 〈들려주고 싶었던〉은
이승윤 음악의 환대적 특징이 가장 극명하게 드러나는
작품으로서, 각 멤버들이 어떻게 곡을 통해 하나로
연합하고 다시 각자의 구별된 개성을 발산하는지를 쉽게
발견할 수 있다. 연주뿐만이 아니라 노랫말에서도 알 수

있듯 풀어내는 가사와 노래는 오직 '너'라는 타자他者가 있음으로 가능하며 불리어질 수 있다.

각기 다른 악기들이 하나로 화합하는 음악의 특성은 다름과 대비가 만들어 내는 생산적인 에너지를 상징하기도 한다. 과거로부터의 영향에 대한 보존, 그리고 현재의 새로운 해석이 하나의 연주 안에 녹아들어 하나가 된다. 달리 말하자면, 알지 못했거나 예측하지 못했던 음악의 미래로 나아가기 위해서는 수년이 걸리는 음악적 이론과 개념, 기술 등의 훈련이 반드시 필요하다. 이러한 훈련은 당연히 음악적 전통과 과거에 대한 훈련과 보존을 의미한다. 과거를 보존하는 것은 과거 음악이 담고 있는 개인과 공동체의 정체성이 담겨 있는 시대정신의 보존을 말한다. 지금의 새로운 해석은 지금 여기 존재하며 미래를 맞이하는, 과거와 구별되고 지금 현재에도 타인과 구별되는 개인과 그러한 개인들이 만들어 내는 공동체의 발생을 의미한다. 예를 들면, 락 음악과 음악인 이승윤을 통해 그들이 영향받았던 과거와 현재가 연결된다는 점에서 이런 물리적이고 형식적인 요소들을 살펴보는 것이 중요하다. 이런 요소들을 통해 음악, 그리고 그 음악을 듣는 사람들의 과거와 현재가 연결되는 것은, 다시 말해 음악 안에서 각자가 안고 있는 갈등과 복잡하게 얽힌 감정의 실타래들이 해소될 수 있는, 음악이 가진 치유의 측면을 포함한다. 이처럼 연속과 불연속, 보존과 창조, 개인과 공동체가 끊임없이 뒤섞이는 경험을 하는 것이 음악, 더 구체적으로는 락 음악이며, 나는 이것이 이승윤과 같은 음악인들과 그들의 노래를 통해 대중들이 경험하게 되는 과거와의 화해, 현재와의 대화, 미래와의 조우라고 해석한다.

물론 락이라는 음악 또한 다른 장르들과 마찬가지로 음악으로서의 구조와 짜임새가 있다. 그러나 그 안에서 가수와 함께 여전히 즉흥적인 변화, 정해진 구조와의 단절이 함께 공존한다. 락앤롤에서 펑크락과 프로그래시브락 등이 출현한 것처럼, 그 어느 한 요소도 무제한적이지 않다. 즉흥성이 과하면 음악은 망쳐진다. 반대로 구조와 짜여진 악보에만 충실하면 감동이 없다. 음악, 특히 락 음악이야말로 짜여진 현대 사회 속에서 저마다의 자유와 행복을 느끼며 살아가는, 살아가야 할 현대인들에게 과거와 현재를 되짚으며 자신을 아우르고 위로하며, 닥쳐오는 구조적 위협 속에서 살아 나갈 길을 안내하는 조력자와 같지 않을까? 그럴 때에야 비로소 우리는 예기치 못한 열린 미래를 마주하고 경험하게 된다. 그렇게 음악, 특히 락 음악은 변화와 위험, 실패의 가능성들을 해소하고, 음악을 통해서 인생 가운데에 남겨져 있는 여러 실수와 상처들을 해소시키고 상쇄한다.

Chapter 3.
환대, 그 아우름의 덕목

음악으로서의 환대와 연대

그의 곡 〈들려주고 싶었던〉을 통해서도 알 수 있듯
음악인 이승윤의 아티스트로서의 진가는 사실
미리 녹음해 놓은 반주를 틀고 홀로 노래를 부르는
무대보다는 각 악기 연주자들이 함께하는 라이브 밴드
공연에서 빛을 발한다. 재즈 연주와 같은 각 연주자들의
즉흥 연주라든지 잠시 동안 한 부분을 이끌거나
도드라지는 악기별 즉흥 연주가 최소화되긴 하지만,
음악 내에서 각 악기의 연주와 화합하려는 이승윤의
환대는 주목할 만하다. 물론 곡의 흐름과 느낌부터

세세한 디테일까지 짜 놓은 각본처럼 준비되는 경우가
대부분이지만 음악이 연주되고 노래가 불리어지는
환경과 장소의 분위기에 따라 그가 부르는 노래와
음악의 느낌, 그리고 그만의 움직임은 다양하게
표현된다. 그 안에서 각 연주자들도 서로를 도전하거나
영감을 줄 수 있고 곡 안에서 새로운 분위기를 만들어
내며 전체와 조화되는 환대의 대화를 나눌 수 있게
된다. 이승윤이 편곡하거나 만든 곡 안에서 이승윤뿐만
아니라 각 악기 연주자들도 그들만의 목소리를 발견하게
되고 다른 악기들과 새로운 방식으로 대화하게 된다.
이것은 새로운 관계를 만들어 가는 것이다. 이러한 모든
것이 음악인 이승윤이 추구하는 환대의 마음속에서
출발한다고 나는 믿는다. 그래서 위대한 그룹일수록
베이스 기타나 드럼 등 사실상 보컬과 리드 기타에 비해
덜 주목받거나 별로 중요하게 생각되지 않는 악기들까지
밴드 전체의 완성도와 조화를 위해 노력하고, 심지어는
그런 멤버 한 명의 급작스러운 부재에 밴드 전체가
해체되기까지 한다. 이승윤이 좋아하는 밴드인
오아시스도 드럼과 베이스 자리를 두 번 이상 교체했다.
밴드 음악은 재즈와 같은 장르가 아니라 하더라도 각
악기의 소리가 그룹으로서 하나로 연주되어야만 한다.
그럴 때에라야 각각의 소리, 보컬과 리드 기타뿐만
아니라 다른 연주자들의 소리까지 살아날 수 있으며,

같은 악보의 연주지만 결과는 언제나 새롭고 다르다.

음악인 이승윤을 통해 우리가 보는 것은 실수와 오류, 계산의 오차가 무언가의 끝이 아니라, 그것으로도 괜찮다는 인정과 안정감이다. 재해석 또는 새로움의 창조와 생산은 동시에 그 반대인 실수와 착오, 심지어는 어떤 의미에서 실패를 가리키기도 한다. 단 한 번의 실수로 자칫 끝나 버릴 수 있는 경연에서 그는 실험적인 선택을 하거나 호불호를 감수하고 자신만의 색깔을 살려 나간다. 많은 호응을 얻어 내지 못해도, 심지어 다음 라운드로 진출하지 못할 수 있어도 괜찮은 것이다. 왜냐하면 그 한 번의 실수가 벌어지더라도 자신의 음악은, 노래는 끝나는 것이 아니기 때문이다. 그것은 끝이 아니다. 순위가 매겨지는 경연 프로그램은 그저 플랫폼으로 사용할 뿐이다. 조금 더 자신을 알리고 그래서 음악을 조금 더 지속해 나갈 수 있다면 그것만으로도 괜찮다. 그래서인지 그의 음악, 특히 라이브 공연에서는 흡사 재즈에서 볼 수 있는 모험적인 시도나 즉흥성이 눈에 띈다. 비록 정해져 있는 시간적 한계, 악보와 음표의 한계 등이 있지만 그 음표 하나하나, 악보와 음악에 자신의 생각과 마음을 담을 수 있다는 자유가 서려 있다.

이처럼 이승윤의 음악은 과거의 정체성과 시대정신을 보존함과 동시에 새로움을 창조하는 열린 미래로

나아간다. 그것은 여러 관계 속에 존재하는 다양함이
만들어 내는 힘이다. 이승윤이라는 아티스트의 공연과
음악을 통해 과거는 현재와 미래에도 계속 이어진다.
동시에 음악이 자리 잡은 공동체의 과거 속 개인들의
정체성이 함께 이어진다. 이런 과거의 연속성은 다른
사람들에게 과거라는 기억 속에 잊힌 개인의 정체성과
그 기억에 대한 향수가 불러일으켜지고 보존되는
경험으로 전해지게 된다. 이승윤이라는 뮤지션을
통해서 과거의 '나'와 '우리'는 소환되고 현재는 과거에
화답한다. 음악은 그렇게 사람들의 인생에 활력과
다양성을 불러일으킨다.

공동체

한국 사람이 가장 많이 사용하는 말 중에 '우리'라는
말이 있다. '우리'는 공동체를 의미한다. 그만큼 '우리'
한국 사람에게는 공동체적 정체성 또는 의식이 뿌리
깊게 박혀 있다고 할 수 있다. 공동체는 어떤 특정한
이야기와 역사를 통해 형성되는 공동의 '정체성'만을
보존하고 있지는 않다. 그러나 공동체는 언제나 공동의
가치를 위한다는 이유로 과거의 전통과 역사를 보존하고
지속시키는 것을 가장 우선된 목표에 포함시킨다.

공동체들이 규정한 역사와 전통이 구체적으로 특정화되고 수면 위로 드러나는 데에는 그러한 정체성을 지켜나가는 것보다 더 광범위한 즉흥적인 상호적 관계들과 실천들이 담겨 있다. 개인과 집단, 관계와 목표, 가치와 전통들이 공존하는 공동체라는 곳은 언제나 다양한 관계와 즉흥적인 결정과 결과에서 오는 새로움과 그로 인한 놀라움, 그리고 다양함을 향해 열려 있는 공간이다. 공동체는 그런 곳이다. 과거의 전통과 역사, 경험 등 오늘날 전해지는 과거의 유산을 통해서 대부분의 구성원들이 공감할 수 있는 집단적인 합의에 이르는 의사결정이 존재하는 곳 말이다. 그러나 동시에 이승윤의 음악에서처럼 이러한 합의는 변화와 다양함이라는 불확실성과 차이 또는 대조의 가치를 환영할 잠재력을 가지고 있는 열림에 의해 구성된다. 좀 더 단순하게 말하자면, 공동체란 환대로 구성되는데, 환대는 바로 서로 다름에 대한 환영 그 이상도 이하도 아니다. **환대는 '지금', '여기', '나'의 것이 아닌 다르고 낯선 모든 것, 모든 이들에 대한 환영이다. 설사 그 낯선 것이 불확실한 미래를 담보하며 그로 인한 막연한 두려움과 닿아 있다고 할지라도 말이다.** 공동체적 정체성이 사람들의 마음 깊숙이 자리 잡은 것처럼, 환대는 인간이 가지고 있는 공동체적 정체성을 표현할 수 있는 가장 진실한 본성 중 하나다. 또는 '다른 이'와

'다른 것'에 대한 따뜻한 마음을 설명할 수 있는 언어적 표현이다. 그래서 환대는 함께 살아가는 인간 사회를 향한 가장 이상적인 방향의 첫걸음이 되기도 한다. 이승윤의 음악이 담고 있는 힘을 불러일으키는 것도 환대를 통해서 가능하다. 그의 음악은 대결을 통해 상대를 누르고 이기는 음악이 아니다. 그의 음악은 함께하는 서로 '다른' 사람들을 향해, 그들과 함께하는 음악이다. **4**

다름이 언제나 유려하고 부드럽게 공존하는 것은 아니다. 서로 다른 음들이 아름다운 화음을 만들어 내기도 하지만 다름은 불일치와 불협화음을 가져오기도, 한편으론 갈등을 일으키기도 한다. 일반적으로 공동체적 정체성이 과거로부터의 연속성과 합의라고 하는, 상대적인 연합 안에서 형성되고 공고히 되어 갈 때, 다름에서 발생하는 불일치 또는 불협화음은 제한된다. 그렇다. 사회적 울타리는 저마다 자기방어적인 구조를 장려하기 위해 공동체적 폐쇄 또는 배타성을 점점 강화시킨다. 그러한 닫음은 낯설고 전통적이지 않은 생각들을 배제함으로 이러한 환대를 한낱 이상에 지나지 않는다고 말하게 만든다. 사실이다. 어느 사회, 또는 어느 음악적 장르에도 이러한 요소들은 존재한다. 그러나 혁신과 변화에 대한 가능성들을 차단한다면, 그 어떤 인간의 진보도 일어나지 않는다. 오아시스도,

이적도, 그리고 다른 수많은 아티스트들과 그들에게
영향받은 다른 아티스트들도 존재하지 않았을 것이다.
사회적인 언어로 말하자면, 공동체적 정체성의 안정화를
도모하기 위해 사회적 경계를 강화해 나간다면 대화를
위한 공명은 소멸하게 될 것이란 말이다. 그리고 그러한
공명의 소멸은 공동체적 정체성이 기원하고 연대로서
응집하는 에너지의 소멸로 귀결되고야 만다. 음악, 특히
우리가 음악인 이승윤의 음악에서 보는 것처럼, 연합은
다름을 전제로 한다. 더 자세히 말하자면 다름이 맺어
가는 관계와 상호 작용에 달려 있다.

음악, 전통, 그리고 환대

이승윤의 작품들을 통해 알 수 있듯이, 전통은 단순히
과거의 집합체만은 아니다. 전통은 일시적인 시간 동안
발생한 여러 깊이 있는 가치들과 이야기들이 공동체적인
관계를 통해 특정한 형태를 이룬 것을 말한다. 이러한
여러 가치들과 이야기들 역시 그 이전의 과거와 그
시점에서 기대하고 바라봤던 미래에 대한 염원들을
포함한다. 이러한 복잡한 상호 작용을 하나의 공동의
이야기로 아우르는 역사적인 노력을 통해 한 집단에게
정체성이 생기고 역사와 전통이 세워진다. 이런

공동체의 이야기적인 구조는 그래서 언제나 과거를 통한 유대감을 제공한다. 그렇기 때문에 역사, 전통, 공동체 등과 관련된 것들은 언제나 관계적이고 상호적이다. 음악도 마찬가지다. 음 하나로 노래를 할 수 없다. 락 연주를 혼자서는 할 수 있어도 좋은 락 음악을 하기 위해선 드럼도 필요하고 베이스기타도 필요하다. 필요에 따라선 건반 악기와 전자 악기, 심지어는 클래식이나 힙합처럼 다른 장르의 음악과 악기들도 얼마든지 더할 수 있다. 그러한 노력들은 '과거'라고 하는 공통된 토대 위에 세워진다. 이승윤 그 자체가 가지고 있는 역사와 이야기들, 현재 그의 음악을 사랑하고 환대하는 대중들은 그의 음악과 관련된 과거와 현재의 이야기들을 공유하며 그 공동의 이야기 안에서, 그 이야기의 기초 위에서 공연하고 참여한다.

락, 트로트, 발라드 등 모든 음악 장르는 그 자체로 이야기를 가지고 있는 하나의 전통이다. 그리고 이러한 이야기는 지금 시대의 수많은 음악가들뿐만 아니라 일반 대중들의 삶에까지 영향을 끼친다. 나 또한 음악인은 아니지만 개인적으로 90년대부터 이승환과 부활 같은 아티스트들을 시작으로 수많은 한국 대중가요, 특히 락 장르의 영향을 많이 받아 왔고, 그것이 내 청년기뿐만 아니라 '나'라는 사람의 캐릭터 형성에도 많은 영향을 끼친 것을 부정할 수 없다. 한국 락 음악이 써 온 이야기들은 음악가 개인의 이야기이기도 하지만 동시에 시대를 노래한 이야기들이었다. 노래가, 음악이 한 사람에게 얼마나 영향을 끼치는지는 부연설명이 필요 없을 정도로 자명한 사실이다. 특히 영향을 받는 그 사람 자신이 가장 잘 알 수 있다. 그러나 그러한 자기 자신에 대한 인지와 이해는 언제나 그 스스로 이뤄지지 않는다. 그것은 언제나 협응적이고 상호적인 관계 안에서 사람들의 여러 형태와 종류의 노력에 의해서 가능하다.

자신이 인지하지 못하더라도 노래는 대화의 형태를 띠며 전통, 즉 과거를 담고 있는 여러 이야기들과 닿아 있다. 음악인들, 더 넓게는 예술가들은 더 나은 예술가가 되기 위해 자신들의 역량을 개발해 나간다. 그 과정에서 홀로 서는 주체자로서 자기 삶의 이야기를 써 가는 작가가 되어 간다. 이런 자아 형성과 발달은 다른 이들, 특히 과거와 전통으로부터의 분리와 해방만을 의미하지는 않는다. 이 홀로서기는 반드시 어떤 형태로든 전통이라는 이야기, 그리고 그 이야기 안에 있는 다른 사람들과 연결되어 있음을 의미한다. 그러나 이 말이 개인의 정체성은 전통이라는 틀 안에서 자동적으로 만들어진다거나 그래야만 한다고 말하는 것은 아니다. 그것은 아마도 전체주의나 공산주의 국가에서나 가능한 일일 것이다. 전통은 타인과 낯선 것들에 적응하고 함께 공존하는 것을 포함한다. 그러한

공존은 서로 다른 차이들 사이에서 발생하는 대화가
차곡차곡 쌓이면서 발생한 결과물과 같다. 그러한 대화
노력과 과정은 어떠한 논리나 이론으로 미리 계획하거나
전략을 짤 수 있는 것이 아니다. 전통이라는, 사뭇
지루하고 시시하게 들릴 수 있는 이 단어 자체의 본질은
그래서 상당히 즉흥적이고 역동적이고 상호적이라고
재평가되어야 한다.

음악이, 락이라는 장르가, 특히 그러한 음악 본연에
충실한 이승윤의 음악은 그래서 다른 어떤 노래보다도
더 창조적으로 우리에게 다가오는 것이 아닐까? 그는
언제나 자신에게 영향을 준 아티스트들이 있음을
인지하고 그들의 이야기에 대한 자신만의 철학이
확고함을 분명히 한다. 그러나 동시에 그 영향으로부터
자유하며 그들의 음악과 닮지 않았다. 음악인 이승윤은
자신의 음악 그 자체로 홀로 서 있다. 그는 앞서 설명한
음악이 가지고 있는 전통적인 측면에 있어 가장 충실한
우리 시대 대중음악가 중 한 사람일 것이다. 이러한
특징과 내재적 본성 때문에 전통은 음악과, 특히 락
장르를 포함하는 이승윤의 음악과 떼어 놓을 수 없다.
과거의 음악적 유산과 현재의 작업들, 그리고 그 안에
끊임없이 역동하는 관계들과 이야기들, 그 기반 위에
락이라는 한 장르, 더 넓게는 팝 또는 대중음악에 기반을
둔 이승윤의 음악이 펼쳐져 있다. 그것은 답습하려고

해도 답습할 수 없으며 거부하려 해도 억누를 수 없는 음악의 본성이다. 락 음악은 내재적으로 과거 전통과의 연결과 단절, 복제와 창조를 반복한다. 다른 음악들도 그렇겠지만 특히나 락은 이러한 특징이 두드러진다. 연습하기 시작하면 누구나 반드시 연습해야 하는 기타 멜로디 라인이 있고, 드럼 라인이 존재한다. 클래식이나 재즈만 그런 것이 아니다. 락이라는 광범위한 전통 또는 이야기에서 이러한 연속과 불연속, 이전 세대 음악에 대한 계승과 혁신은 더 극단적으로 공존하고 실천된다.

음악이 가지고 있는 전통이란 무언가를 확정하고 단정 짓기 위한 것이 아니라 '다른' 사람들과 대화하기 위한 것이다. 어쩌면 대중은 음악의 이러한 점이 이승윤과 같은 음악인들을 통해 표출되는 것을 느끼고 경험하는 것인지도 모른다. 아티스트 본인뿐만 아니라 그를 지지하고 환대하는 사람들 모두에게 말이다. 그래서 이승윤의 음악에는 언제나 해석적인 면에서 열려 있거나 부정확한 면이 존재하고 폐쇄성이 아닌 개방적인 면이 존재한다. 사람들은 전통이 가지고 있는 바로 이 열린 결말이라는 특징에 대한 오해와 결핍을 가지고 있다. 언제부터인가 사람들은 전통이란 폐쇄적이고 보수적인 것이라고 이해하기 시작했다. 그것은 전통이 가진 다른 한 측면, 즉 개방적이고 진보적인 측면을 등한시하게 되는 것과 같다. 급기야 사람들은 전통과

65

진보를 대결 선상에 놓기 시작한 것이다. 그것이 문화적 이유이든 정치적 이유이든 사람들은 좌를 택하면 전통을 등한시하거나 우를 택하면 진보와 발전을 포기한 사람들이라고 곡해하기 시작했다. 그러나 이유나 동기가 어떠하든 사람들은 전통에서 벗어날 수 없다. 진보는 전통의 반대말이 아니다. 기존의 한 전통을 끊어 내려고 해도 다시 어느 한 전통, 다른 한 이야기를 끌어올 수밖에 없기 때문이다. 그렇게 사람은 사회적 존재이기 때문에 전통이라 불리는 사회의 이야기에서 벗어날 수 없으며, 때로는 그 결핍에서 오는 갈증을 경험하고 그것을 해소하려 애쓰지만 쉽게 해결하지 못한다.

이승윤과 같은 음악가들의 음악은 바로 이러한 사회적 존재로서 인간이 가져야 할 전통이라는 이야기의 결핍을 해소시키고 사람들에게 만족감을 주는 기능을 한다. 사람은 혼자서는 살아갈 수 없다. 좋든 싫든 누군가의 영향과 관계에 속할 수밖에 없는 것이 인간 사회의 현실이자 진리다. 그렇기 때문에 앞서 말한 전통의 다른 한 측면, 지금까지 사람들이 간과하고 있었던 열려 있는 이야기를 주목할 필요가 있다. 거기에는 단절과 부정확함, 모호함과 역동적인 에너지가 있다. 그것이 전통, 특히 음악, 그리고 사람들이 공기처럼 대수롭지 않게 여겼을지도 모르는 대중가요가 가지고 있는 본성이자 특징이다. 이승윤은 그의 음악적 뿌리를 언제나 90년대에서 찾는다. 어디 한두 가수들의 음악만 들었을까? 그러나 설사 그렇다 해도 자신에게 영향을 끼쳤다고 하는 음악가들의 음악과 비슷하지도 않다. 그것이 음악을 대하는 자세든, 철학이든 상관없다. 그는 자신에게 영향을 준 음악들, 아티스트들을 인지하고 있고 그들에게서 배웠음을 부정하지도 않는다. 그 전통과 그 이야기들로부터, 그리고 거기에서 자신만의 이야기와 관계, 단절을 실행한 것이다. 이런 점에서 그의 음악은 여전히 전통 안에 있다. 락 음악의 전통 그 자체가 단순히 여러 락 음악들을 만들어 내지는 않는 것처럼 전통은 언제나 다른 사람들과 대화하고 간섭하고 개입하는 여러 주체들에 의해서 새롭게 해석되고 혁신되고 창조된다. 사람들이 원하는 것은 바로 그러한 개인과 공동체, 전통과 미래가 조우하고 연결되는 그 무언가일 가능성이 크다.

환대의 공동체

이러한 전통과 개인 간의 복잡한 연결은 공동체가 다름에 대한 배타성이 아닌 대화와 수용으로부터 확대되고 혼합적으로 형성된 결과물이라는 것을 가리킨다. 그리고 어느 시점에 존재하는 하나의 공동체는 그 존재 자체로도 완성과 미완성이 동시에 공존할 수 있다는 사실에 대한 암묵적 동의이자 증거로 생각할 수 있다. 그래서 이 '우리'라는 말이 낯선 사람들을 차별하는 배타적인 말로 들리거나 사용되지 않기 위해서는, '내가 속한 공동체'인 '우리'라는 말이 '다른' 공동체와 명확히 구별됨과 동시에, 그 공동체 안에서도 '다름이 존재할 수 있는' '다름의 공동체'라는 말과 같은 말임을 이해하고 인식하는 것이 중요하다. 마치 음악처럼, 공동체를 발전시키고 확대시키는 것은 같음이 아니라 다름이기 때문이다. 그것은 필연적이다. '우리' 안에는 다른 점들이 존재한다는 것을, 그래서 '우리'가 가지고 있는 특정하고 영원불멸할 것 같은 공동체적인 정체성 또한 영구적이지 않고 일시적이며 잠정적일 뿐이라는 것을 진지하게 생각해 볼 필요가 있다.

'나' 그리고 '우리'라는 정체성은 머물러 있지 않다. 그것은 언제나 변화와 진보 또는 퇴보를 거듭한다. 이러한 흐름 속에서 다름이라는 차이는 '전체'라는 거대한 단일체 속에서 사라지지 않는다. 또는 철학자들이 말하는 것처럼 종국에는 우주적인 큰 힘이나 절대 정신이 다양하고 파편화된 객체들을 끌어당겨 모으는 것도 아니다. 집단적 합의 안에 머무는 것이 개별 정신의 소멸을 의미하는 것은 아니기 때문이다.[5]

공동체라는 말 자체가 개인들의 완전한 참여와 연합을
의미하지 않는다. 공동체는 집단적인 총합에 완전히
이를 수 없는, 때로는 반대하는 많은 수의 개인들이
있다는 사실을 포함한다. 그런 점에서 전통과 국가나
공동체의 정체성을 내세우며 하나의 목표를 달성하기
위해 구성원들이나 공동체 울타리 안에 머무는 사람들을
하나로 동원하거나 집중시키려는 노력은 오히려 공동체
정신에 위배될 뿐만 아니라 위험한 독재의 정신이다.
그런 것은 이론적으로도 불가능할 뿐만 아니라
진정한 민주주의 사회라면 거부되거나 최소한 강하게
의심되어야 할 생각이다. 전통과 공동체의 묘미는
무엇보다도 그 다름의 차이가 가지고 있는 역동성을
허용하는 관용, 더 나아가 환대에 있기 때문이다.

　트로트, 락, 발라드, 레게, 힙합 등 그 어떤 장르의
음악이든 즐길 수 있고 환대받을 수 있어야 한다. 그러한
환대의 정신과 자세야말로 사람과 공동체의 본질에
충실한 결정이다. 이승윤의 음악 또한 이러한 상호
작용을 이용한다. 음악과 장르가 가지고 있는 전통과
공동체적 특징들은 체화되어 그만의 음악으로 구현된다.
어느 누군가의 음악으로부터 시작했을지 모르지만
이제는 자신만의 음악적 색깔이 확고해졌다. 거기에는
음악적인 기술들과 과거 음악에서 얻은 생각들과
개념들이 함께한다. 기존 가수들의 다양한 곡들은

저마다의 다른 주제와 다양한 장르의 음악들이지만
그를 통해서 '이승윤 장르'의 음악으로 재해석되고
새롭게 표현된다. 모든 전통과 혁신의 섞임이 공존하며
노래와 노래, 음악가와 듣는 이 사이의 관계를
재구성한다. 그의 음악 안에서 모든 것들은 잠정적이고
일시적이다. 장르와 경계는 구분을 지을 수는 있지만
서로를 완벽하게 분리시키거나 가로막을 수는 없다.
장벽과 경계는 새로운 열림과 상황에 대한 가능성을
현실화시키는 과정 또는 통로일 뿐이다.

예술가는 무에서 유를 창조하지 않는다. 음악을
포함한 예술 작품들이 보여 주는 혁신과 진보는
아무것도 없는 진공 상태에서 창조되는 것이 아니라,
여러 이야기들과 상징들의 수단을 통해 태어난다.
공동체적인 매개들은 예술 활동에서 벌어지는 해석적인
창조 활동에 구체성이라는 울타리를 부여한다.
예술가라는 주체는 오로지 공동의 구체적인 의도로부터
태동한 전통이라는 울타리 안에서 태어나고 길러지기
때문이다. 이러한 집단의 의도란 공동의 이야기와
목적을 의미하며, 특정한 방향이나 목적지로 향하는
다수의 움직임을 보여 준다. 동시에 공동체 구성원
내부에서조차 각 개인은 구별되며 절대로 완전한
단일체가 될 수 없기에 전통 그 자체는 앞서 말한 것처럼
여러 변동과 새로움에 열려 있다. 즉, 전통 자체가

자신들이 움직이는 방향 너머에 있을 그 무언가에
연결되어 있다. 그렇기 때문에 이러한 혼합적인 특징과
오류의 가능성이 내재한 전통에서 개인의 정체성은
사라져서는 안 된다. 개인의 주관성만을 내세우지도,
집단이라는 객관적 지표나 의미 등을 주창하지도
않는다. 즉흥적이면서도 전통이 서려 있고, 단순하지만
창의적이며, 신중하지만 상황과 현실에 유동적이다.
이렇듯 음악과 같은 예술 작품들은 과거와 현재, 그리고
미래라는 경계 사이에 존재하는 긴장 관계의 상호작용
속에서 개인이 표현하고 발산하는 긴장 관계의 질적인
표출이다.

　전통은 다시 말해 하나의 분리되고 고립된 객체가
아니다. 이론적으로 전통이라는 개념에 대해 설명은 할
수 있을지 몰라도, 그 개념의 밑바탕에 깔려 있는 본질은
생동하는 사람들의 공동체를 의미한다. 이 공동체란
시간이 걸려 변화하고 진화하는 각자 다른 개인의 자기
이해와 정체성을 포함한다.

개인을 위한 환대

음악인 이승윤과 그의 음악에 대한 사람들의 관심은
고독의 시대에 놓인 소외된 개인을 위한 환대와 연대의

정신을 조명한다. 환대는 그 자체로 환대의 주체와
환대를 받는 대상으로 나뉜다. 전통적인 의미에서
환대는 우리가 흔히 경험할 수 있는 것처럼 한 장소의
주인이 외부인을 맞아들이는 것을 말한다. 이승윤은
자신이 받고 있는 인기에 대해서 '환대'라고 이해한다.
대중은 열렬히 그를 환대해 주었고, 그것은 경연에서
그를 생존케 한 원동력이 되었을 뿐만 아니라 자신만의
음악을 펼칠 수 있는 장이 되었다. 이 환대의 주체는
분명히 대중이었다. 대중이 적극적으로 이승윤을
끌어안은 후 밀어 올렸다는 표현이 적절할지도 모른다.
결국 공연을 공연 되게 하는 것은 대중이기 때문이다.

환대를 받는 대상은 이승윤이었다. 그 자신은 환대를
받는 객체로서 이방인이었고 나그네, 손님이었다.
자신은 주류가 아니라 비주류이며, 그렇게 대중에게
다가온 이방인이라는 점을 그 자신은 인식하고 있었다.
그래서 환대를 받는다고 생각했는지 모르겠지만, 그
계속된 경연 속에서 생존하고 기대받는 자리가 본인이
지금까지 경험해 온 자리가 아니라는 것을 명확히
인지하고 있었다. 그는 환대의 대상으로서 나그네였다.
주류라고 하는 심사위원들이 이 환대의 주체가 아니라는
점이 중요하다. 주류는 소외받지 않는다. 대중은 주류와
비주류가 섞인, 불특정 다수이지만, 그들 대부분 삶의
다양한 영역에서 언제나 어느 지점에서는 을로서,

72

병으로서 소외되고 주변화되는 삶을 경험한다. 그들의 삶과 비주류적 정체성이 음악인 이승윤에게 투영된, 일종의 연대의식이라고 나는 보았다.

물론, 환대를 받는 객체의 중요성도 간과할 수는 없다. 환대는 상호 협응의 관계가 필수적이다. 이때의 상호 관계란, 환대를 받는 객체가 인식하고 있는 환대와 직접적으로 연결된다. 호불호를 나누긴 했지만 기본적으로 자신이 환대를 받는다는, 받아들여졌다는 근본적 인식 또는 경험이 중요하다. 어찌 보면, 이러한 경우에서는, 이승윤 개인의 자전적 경험과 이야기가 이해가 될지도 모르겠다. 가정이든, 친구든, 어떠한 공동체든지 상관없이 받아들여지고 용납된 경험이 이러한 환대에 대한 인식을 형성했을 것이라 짐작해 볼 수 있다. 그러나 동시에 받아들여짐은 거부와 배척, 내쳐짐의 경험과 그리 멀지 않은 곳에 위치해 있다. 같은 사람, 같은 공동체 안에서도 두 가지 상반되는 경험들이 공존할 수 있기 때문이다. 그렇기 때문에 직접적으로 그의 개인적인 이야기들을 언급하는 것에는 무리가 있다. 변하지 않는 사실은, 그러한 다채롭고 다면적인 경험이 이승윤뿐만 아니라 우리 모두를 구성하고 있다는 점이다. 그리고 우리 각자는 자기만의 상징과 언어적 유희를 통해 그러한 경험으로부터 발생하고 태동하는 각종 충만과 결핍, 채워짐과 상실에 대한 감정을 발산한다. 이승윤의 경우 그것이 음악으로 드러난다.

환대는 공동체로 향한다. 아이러니하게도 '우리' 한국 사람에게 가장 필요한 것이 공동체적 연대라니 이상하게 들릴 수도 있다. 하지만 잠시 생각해 보자. 환대를 기반으로 한 연대는 기본적으로 생산과 발전, 통합 즉, 더 나은 미래를 지향한다. 환대 가운데에서 꽃피는 여러 시도와 실천들은 연대를 내포한다. 그렇기 때문에 연대로 맺어진 사람들 간의 행동과 실천은 더 나은 미래와 발전을 향해 나아가기 마련이다. 나는 개인적으로 음악인 이승윤에 대한 대중의(그리고 팬들의) 환대와 연대를 바라보면서, 아마도 이것이 지금 한국 사회에 가장 필요한 것, 또는 한국 사회를 살아가는 대다수의 사람들이 가장 원하는 것들 중 하나가 아닐까 생각한다. 그러나 내가 말하는 공동체란 단순히 여러 사람들이 하나로 모이는 집단만을 의미하지는 않는다. 우리에게 필요한 것은 환대를 위하고 환대가 공동의 가치로 자리 잡은 공동체이다. 그것은 낯선 것에 대한 적의와 증오가 아닌 환대로 포용하는 살아 있는 사회를 말한다. 그곳에서는 나에게 낯선 이, 나와는 다른 정치적, 종교적, 사회적 가치를 믿는 사람도 존중받아야 할 이웃이 될 수 있고 그렇게 받아들여질 수 있다.

그래서 결국 환대가 중요한 가치가 된다. 환대의 기치(旗幟 또는 attitude) 없이는 연대의 방향과 성격, 실천과 태도의 결은 크게 달라질 수 있기 때문이다. 물론 더 구체적으로 말하자면, 이러한 환대의 공동체는 다수만을 만족시키기 위함이 아닌 그 안에 숨어 있거나 소외받아 주변화된 개인들도 돌보기 위함이다. 그들도 정치, 경제, 종교, 인종 등과는 상관없이 존중받아야 할 개인으로 포함하기 위한 것이 환대를 지향하는 공동체의 목표다. 한국 사회 전체를 하나의 모습으로 통합되어야 할 공동체로 묶는 것 또한 위험할 수 있다. 우리는 역사를 통해 이미 그런 좋지 않은 예들을 독일의 나치 Nazis 또는 이탈리아의 파시스트 Fascist 등을 통해 충분히 배워 왔다.

이승윤 장르: 환대의 장르

음악인 이승윤의 등장과 함께 그의 어록 또한 화제가 되어 왔다. 특히 "장르가 뭐냐?"는 질문에 "30호 장르"라는 답을 했고, 그것은 곧 '이승윤 장르'라고 불리게 되었다. 흔히 알려진 말로 '존재 자체가 장르'라고 불리기도 하는데, 나는 이것을 '실존 장르'라고 이름 지어 부르기도 한다. 이것은 단순히 음악적 색채나 특징만을 말하지 않는다. 그것만으로는 '실존' 또는 '존재 자체로 장르'라는 말이 가져다주는 의미와 깊이, 그리고 '이승윤의 인기'를 설명하고 깊이 이해하기에 충분치 않다.

　미안한 얘기지만 나는 처음 락 뮤지션 이승윤을
봤을 때 다른 누구도 아닌 그룹 너바나의 커트
코베인Kurt Cobain이 떠올랐다. 오리지널 그대로의 커트
코베인이라기보다는, 한국 사회와 대중들이 허용해 줄
수 있는 정도로 어느 정도 강약이 조절된 커트 코베인
정도랄까. 그것은 제한된 모습이기도 했지만 이승윤만의
느낌으로 살아 낸 락의 실제라고 봤다. 물론 그의
속마음은 어떤지 모르겠지만, 이승윤은 단 한 번도 커트
코베인이나 그룹 너바나에 대해서 언급한 적이 없다.
연결고리라고 부를 수 있는 것도 없는 게 사실이다.
이승윤이 좋아했던 밴드 오아시스의 리더였던 노엘
갤러거가 커트 코베인을 좋아했다는 점이 흥미로운
점이긴 한데 그 외에는 음악적으로도 거의 닮은 점이
없다고 할 수 있다. 다만 그 열정과 락 스피릿이 꽤
유사하다고 생각했다. 예를 들면, 커트 코베인의 곡들,
특히 〈Smells like Teen Spirit〉 같은 명곡은 많은
사람들에 의해 연주되기도 해왔다. 특히 도입부의 기타
연주는 기타를 처음 시작하는 사람들이라면 한 번쯤은
시도했을 법한 유명한 연주다. 그렇게 수많은 사람들이
그의 곡을 커버하지만 원곡의 느낌은 나지 않는다. 이건
유독 너바나의 곡에서 나타나는 두드러진 특징이다.
곡들이 어렵다거나 하진 않는데 그 거칠면서도 날것

그대로의 우울하고 염세적인 느낌을 복제하기가 쉽지 않다. 왜냐하면 커트 코베인의 스피릿, 그 파괴적인 소울을 담아내기 힘들기 때문이다. 극한의 냉소와 우울함, 동시에 음악에 대한 열정 등이 뒤섞여 뽑아내는 그만의 영혼은 악보에는 담기지 않는다. 물론 그래서 여러 가지로 본인도 힘든 삶을 살았고 급기야는 자살이라는 슬픈 결말에 이르렀을지도 모른다. 그렇기 때문에 그와 이승윤 사이를 비슷하게 연결 짓는 것에 대해 거부감을 갖는 팬들이 많을 것에 동의한다. 나 또한 전적으로 이 두 음악가가 닮았다고 말하는 것도 아니며 비슷한 족적을 남기길 바라는 건 더더욱 아니다. 다만 커트 코베인에게 있던 특유의 염세적 쓸쓸함과 날것의 느낌이 '그런지 락'이라는 일종의 장르를 만들어 낸 것처럼, 삶의 무조건적인 희망과 연인간의 사랑, 또는 사회에 대한 저항의 의미를 담으려고 했던 이전 시대의 단편적이고 이차원적인 노래들과는 달리 시대의 좌절과 모순적 현실을 꼬집는 이승윤의 노래들은 이승윤 장르를 만들어 냈다는 점에 강조를 두기 위해서다. 그래서 이승윤의 노래들도 곡 자체는 음악적으로 어렵지 않지만 막상 커버를 해보면 그 느낌을 살리기가 굉장히 어렵다. 무조건 감성적으로만 부르기에도 부족한 그것은 다른 음악가들이 담아낼 수 없는 이승윤만의 소울이다. 그 노랫말과 멜로디, 리듬에 깃든 '이승윤 장르'가 가진

'무언가'이다. 그리고 그 '무언가'가 커트 코베인과
이승윤을 나누는 결정적인 주제일 수 있다.

책 서두에서 밝혔듯 '이승윤 장르'는 기본적으로 세
가지 요소, 환대, 존재, 경계선을 포함한다. 이 주제들은
단순히 그의 음악을 이해하는 데 도움을 주는 것
이상으로 유익이 크다. 환대, 존재, 경계선 등과 관련된
여러 개념들과 이해관계야말로 요즘 시대를 살아가는
사람들이 근본적으로 결핍되어 있거나 욕망하는 그
'무언가'이기 때문이다. 존재와 경계선에 적용된 이승윤
장르에 대해 다루면서도 언급하겠지만 그만의 장르가
담고 있으며 사람들이 원하는 그 '무언가'를 이야기하기
위해서는 환대의 장르에 대한 이해가 필요하다.

'환대'라는 말에는 우월함이 설 자리가 없다. 그래서
환대의 마음을 담고 있는 이승윤의 음악에는 우월함이
아니라 환영의 따뜻한 마음이 있다. 그의 음악은 자신의
공간을 내어주는 환대를 위한 마음이 자리 잡고 있다.
그리고 동시에 이러한 환대는 서로에게 의존하는 자세가
아니다. 주인은 객을 맞아들인 자리에서 자신의 것을
내어주고 함께 살지만, 그 공동의 삶에서도 홀로 설 수
있는 자다. 그것이 이승윤 장르의 첫 번째 특징인
환대의 성격이다. "주단을 깔아 놓겠다"라는 말, 그리고
〈내 마음에 주단을 깔고〉의 선곡은 그래서 정확하고
탁월한 선택이 아닐 수 없었다. 여기서 "주단을 깔고

기다리겠다"라는 말은 '내 발자취를 따라와라'가
아니다. 이 말은 "함께하자" 그리고 "함께 살자"라는
말이다. 여기서 '함께'란 단순히 공간과 시간, 자원
등을 공유하는 것 이상의 개념이다. 함께하기 위해선
누군가의 배려와 희생이 필수적이다. 재화는 한정되어
있고 그것을 소비할 주체가 늘어난다면 한 사람이
갖게 될 만족의 절대치의 감소는 당연하다. 그러나 그
소중한 재화를 나누어 받게 될 타인이 갖게 될 효용은
상대적으로 감소할 기존 1인의 효용의 감소보다 훨씬
커지기 때문에 그 재화 자체에 대한 효용의 값은
훨씬 커지게 된다. '나는 내 것을 가지고 살 테니 너는
너의 것을 가지고 살아라'가 아니다. 함께 사는 것은
상대적으로 더 소유하고 있었던 사람에게 물질적인
공간과 시간, 자원의 희생이나 감소를 수반하는 것
같지만, 전체로 볼 때는 더 큰 만족치를 가져온다. 심지어
'나의 것'을 내어 주더라도 '함께하는 삶'을 의미한다.

    환대에서 요구되는 누군가의 희생에는 맞이하는
주인의 희생만을 의미하지 않는다. 거기엔 환영받는
손님 또는 낯선 이의 희생도 존재한다. 그 또한 새로운
공간과 주인의 환대를 받아들여야만 하고 신뢰해야만
하는 희생이 필요하다. 어떤 필요에 의해서든 서로가
서로에게 낯선 존재다. 그 낯선 관계로 재구성되는 그
공간은 주인에게도, 손님에게도 낯설고 희생이 필요한

공간이 된다. 거기서는 더 이상 높고 낮음의 우월함이 없다. 서로가 희생하고 서로를 배려하는, 그래서 그 낯선 공간을 인간의 사랑과 연대로 채우는 공헌만이 있을 뿐이다. **그래서 '환대'는 누군가에게 내어 주는 것이다. 나의 것을 타인에게 주어 함께 '우리'가 된다.** 단순히 이승윤이라는 사람에 대한 서술만은 아니다. 그가 무슨 '성인'saint의 반열에 오른 사람이라는 말은 더더욱 아니다. 단지 그것이 그 사람의 '캐릭터'character이자 그가 추구하는 환대라는 가치의 캐릭터라는 말이다.**6** 이러한 환대의 마음은 우리 누구에게나 내재해 있다. 단지 얼마만큼 그것을 인정하고 삶으로 살아 낼 용기가 있느냐의 문제일지도 모른다.

비단 음악 장르만이 아닌, 모든 예술이 가지고 있는 공통점은 어딘가에서 누군가로부터 영향을 받고 또 영향을 끼친다는 데 있다. 음악적으로 그는, 이승윤 자신에 따르면, 음악인 이적을 제일 좋아한다고 했고, 또 오아시스를 좋아한다고 했다. 그가 미디어에 데뷔한 프로그램의 결승전에서도 이적의 최신곡을 편곡해 부를 정도였으니 확실히 이적의 영향은 무시할 수 없겠다. 물론 장르는 그 말 자체로 배타성을 내포한다. 배타성은 한 장르가 가진 독특한 개성으로서 다른 장르들에 대한 차별을 드러냄으로 존재함과 동시에 역설적으로 그 장르의 결핍과 부족함을 의미하기도 한다. 즉, 어느 예술 작품도, 음악적 장르도 완벽한 것은 없다는 말이다. 환대의 장르도 이와 같다. 환대가 인간 본성의 공동체성과 결을 같이하지만 그것이 삶에서 실제할 때, 특히 음악이라는 예술적 장르로 실현될 때 그것은 한계와 제한, 불완전함을 내포한다. 모형이나 이론이 완벽하다고 실제에서 흠결이 없을 수는 없으니 말이다. 다만 역설적이게도 그러한 불완전함이라고 하는 그것이 인간관계에서 존재하는 역동성을 보여 주는 것 아니겠는가? 그리고 그런 역동성은 아티스트의 음악 작품이라는 해방의 창구를 통해 표현된다.

음악은 장르마다 차이는 있겠지만, 대부분 어느 정도의 정직과 비유의 경계를 넘나드는 모호함을 가지고 있다. 재즈처럼 그 즉흥성과 모호함이 크게 발현되는 장르도 있지만 대체로 음악들은 장르마다 그 나름대로의 상징과 비유, 그리고 진실을 말하고자 하는 점, 그러면서도 사실과 상상의 경계를 넘나드는 모호함을 가지고 있다. 이러한 현실과 이상의 경계를 넘나드는 모호함은 상황에 따라 자유롭게 대처하며 살아가는 인간의 자유와 유연함을 나타낸다. 이미 짜여진 악보가 있다손 치더라도 각 악기와 연주하는 현장에 따라 하나의 노래도 매번 다른 노래가 된다. 악보의 마디마다, 음의 연결과 악기들의 균형과 조화, 보컬의 더해짐까지 고려하면, 모든 것들이 개별로서 존재할 수 있지만

더해지고 합쳐져 하나의 완성된 곡을 만들어 내는 것은
자명한 사실이다. 그리고 그 연주 안에서 일어나는 각
연주자 또는 소리의 희생은 희생으로서만 끝나지 않고
아름다운 조화와 성장으로 이어진다. 하나의 부분들이
서로를 받아들이고 함께 창조적인 작업으로 나아가는
것이 음악이 가진 환대의 매력이라고 할 수 있다. 우리는
이 안에서 환대를 보고, 또 그로써 더 나아가 연대를
그려볼 수 있다. 서로가 서로를 받아들이고 자리를
내어줄 때에야말로 창조적이고 생산적인 미래의 길,
대안의 길로 나아가는 것 말이다.

팬덤(fandom)

공동체와 팬덤이 무슨 상관이 있을까? 특히 음악인
이승윤을 향한 팬덤과 말이다. 팬덤은 특정 인물에 대한
열정과 애정을 쏟아붓는 사람들의 집단 또는 무리를
말한다. 특히 기존 대중에게 익히 알려졌던 인물이
아니라 무명에 가까웠던 연예인의 데뷔부터 줄곧 힘이
되어 주고 그 인물의 성장과 성공을 함께해 온 사람들을
팬덤이라 일컫는다. 이승윤에게도 경연 프로그램을
통한 데뷔 때부터, 또는 그 이전부터 함께해 온 팬덤이
존재한다. 팬들은 팬 카페와 커뮤니티, 그리고 여러 개인

소셜미디어 계정들을 통해서 자유롭게 지지하는 형태를 보인다. 앞서 이야기했던 전통과 공동체가 과연 가수 이승윤의 팬덤과 얼마나 관련이 있을까? 당연히 관련이 있다. 관계가 있을 뿐만 아니라 앞서 언급한 공동체 자체에 팬덤이 포함된다. 이승윤의 음악은 그 자체로 락 장르, 더 넓게는 한국 대중가요라는 넓은 범위와 전통에 속한다. 전통은 곧 공동체를 말한다. 앞서 전통은 그 자체로 시작되거나 형성되지 않았다고 이야기했다. 한국 대중음악의 전통에는 수많은 음악 장르들이 얽혀 있고, 그 안에는 셀 수 없이 많은 아티스트들의 이야기들이 자리 잡고 있다. 그 개별 음악가들의 이야기는 그들 개인의 삶만을 말하고 있지 않다. 그들의 이야기는 그 시대, 즉, 60년대든 80년대든, 그 시대를 살아가는 평범한 사람들의 고민과 고통이, 기쁨과 사랑의 이야기들이 담겨 있다. 그것은 개인의 이야기이자 공동체의 이야기다.

이승윤의 음악을 향한 팬덤은 팬덤 그 자체로 존재하지 않는다. 쉽게 얘기하자면, 아무 이유 없이, 물론 그것을 인식하느냐의 차이는 있겠지만, 그의 팬덤이 되지는 않았을 것이라는 게 내 개인적인 생각이다. 팬덤을 이루는 그들 각자는 모두 소중한 삶의 이야기들을 가지고 있는 사람들이다. 그들은 어느 날 갑자기 하늘에서 떨어진 것이 아니라 나이에 따라서는

60년대 또는 7-80년대를 청춘으로 살아온 세대들이기도
하다. 음악의 이야기와 팬들 각자의 이야기의 거리가
결코 멀지 않다. 그렇기에 팬덤은 그 자체로 공동체라고
말할 수 있으며, 공유하는 전통, 다시 말해 이야기를
가지고 있다. 그렇기 때문에 팬덤의 확장은 환대와
연대의 가치를 확장함과 같다.

Part I.

1. 이 책의 Part II '존재'에서 자세히 설명하겠지만, 여기서 말하는 '실존'(*existence*)은 '존재'(*being*)와 다르다. '존재'는 형이상학적 개념으로서 현실을 살아가는 인간 실제의 근원이 되지만, 아이러니하게도 그러한 존재를 가늠할 수 있는 것은 그 존재의 실체인 '실존'을 통해서다. 이 관계를 가장 직관적으로 드러낸 것이 바로 프랑스 철학자인 장 폴 사르트르의 "실존은 본질에 앞선다"는 말이다. 물론 그에 앞서 철학자 하이데거가 비슷한 명제를 주장하기도 했는데, 여기서 그(사르트르)가 말하는 본질은 실존주의 철학에서 말하는 존재의 본질, 존재 그 자체를 말한다. 주요 서적으로는 다음을 참고하면 도움이 될 듯하다. Martin Heidegger, *Being and Time*, trans. John Macquarrie and Edward Robinson (New York: Harper and Row, 1962); Jean-Paul Sartre, *Existentialism is a Humanism*, trans. Carol Macomber (New Haven: Yale University Press, 2007). 자세한 철학적 해설은 지면 관계상 생략하였지만 글을 읽는 데 필요한 뜻과 의미의 전달은 충분히 글 안에 풀어놓았다. 동시에 본 저자는 글의 전개에 따라 실존과 존재를 이처럼 철학적으로 구분하여 사용하기도 하였고, 때로는 동의어처럼 함께 바꿔 가며 사용하기도 하였다. 이 책의 말미에 달아 놓은 '참고 문헌'들은 해당 파트의 글을 이해하는 데 도움이 되도록 첨가하였다.

2. 리듬앤블루스와 컨트리 음악, 웨스턴 스윙 등의 영향을 받아 생겨났다고 알려진 장르로 대표적인 가수로는 엘비스 프레슬리가 있다.

3. 이전 세대 락/메탈 밴드들과는 다르게 헝클어진 머리와 제대로 갖춰 입지 않은 듯한 옷, 헤비메탈처럼 시끄럽지만 펑크처럼 적당히 중간 속도의 음악, 그리고 쓸쓸하고 염세적이며 반항적이고 어두운 가사와 그런 성격의 음악들 때문에 붙여진 이름이다. 하나의 음악 장르이지만 시대적 표현 또는 흐름으로 이해하는 평론가들도 있다.

4. 공동체와 관련해서는 다음 책을 참고하면 도움이 될 것이다. Stanley Hauerwas, *A Community of Character* (Notre Dame: University of Notre Dame Press, 1981). 전통과 공동체에 대한 전반적인 철학적 고찰로는 알리스데어 매킨타이어의 책이 도움이 된다. Alisdair MacIntyre, *Three Rival Versions of Moral Enquiry: Encyclopedia, Genealogy, and Tradition* (Notre Dame: University of Notre Dame Press, 1994). 환대와 연대, 특히 현대 다원주의 사회 속에서 환대에 대한 고찰은 토마스 레이놀즈의 책을 추천한다. Thomas Reynolds, *Vulnerable Communion: A Theology of Disability and Hospitality* (Grand Rapids, MI: Brazos Press, 2008).

5. 이후에 다루게 될 철학적 관점에서도 언급하겠지만, 이러한 철학적 논의에는 플라톤, 셸링, 헤겔 등의 철학자들의 주장이 내포되어 있다.

6. 사실 이 말은 모순되는 표현이 될 수도 있다. 가치는 그 자체로 한순간의 옳고 그름을 판단하는 도구로 사용된다. 그러나 캐릭터 또는 성품은 어떤 한 가치를 받아들임으로써 순간적으로 발생하는 것이 아니다. 그것은 장기적인 시간을 필요로 하며 그 안에서 형성되는 것이기 때문이다. 그러나 둘은 대립되거나 독립된 개념이 아니다. 가치가 담겨 있는 이야기를 살아 내고 성품으로 구체화시키는 것은 한 사람의 삶이기 때문이다.

Part II.
존재의 의의, 그리고 구체화

Chapter 1.
'나', 실존을 노래하다

용기

음악인 이승윤의 인기는 인간 실존 자체에 내재한 존재의 의지를 경험하는 종교적 체험에 대한 결과다. 사실 가수나 배우와 같은 대중의 스타들을 향한 사랑은 그 수의 많고 적음만 다를 뿐 일반적으로 종교를 통해 경험하는 만족감과 많은 부분에서 닮아 있다. 그는 경연에 참여하면서 자신의 '존재의 의의를 구체화'하겠다고 했다. 사실, 그가 무슨 생각이나 의도로 이렇게 말했는지 알 수 없다. 그러나 이러한 표현은 연예 예능 프로그램 등이 아닌 철학, 심리학과 같은 인문학 수업에서나 들을 법한 단어 또는 표현들이다. 한 인간이 자신의 존재를 구체화하기 위해서는 무엇보다 자신의 의지를 구체화하기 위한 용기가 필요하다. 내가 실제로 존재하기 위해서는 용기를 발현해야 한다는 말이다. 이런 주장의 사상적 배경에는 실존주의라는 철학적 사조가 있다. 철학자 키르케고르 Søren Kierkegaard, 작가 도스토옙스키 Fyodor Dostoevskii, 그리고 철학자 하이데거 Martin Heidegger와 사르트르 Jean-Paul Sartre로 이어지는 현대 철학의 실존주의적 existentialism 1 관점을 빌려 이 '존재의 의의를 구체화'하는 것에 대해 설명할 수 있다.

존재(being)와 비존재(non-being)

철학은 인간 존재를 분석하며, 인간 실존 안에 내재한 것에 대해 관심을 가지고 살펴보는 학문이다. 하지만 동시에 철학은 개념적으로 인간 그 자체를 완전히 이해할 수 있다고 장담하는 학문은 될 수 없다. 왜냐하면 존재 그 자체는 인간 실존을 초월하기 때문이다. 지금 이 자리에서 학문적 담론을 이야기하려는 것은 절대 아니다. 그럼에도 불구하고 나는 음악인 이승윤을 향한 많은 사람들의 열띤 반응을 보면서, 희망할 수 없을 때,

절망의 크기가 희망의 크기보다 큰 것처럼 느껴질 때, 사람들이 갖게 되는 열정과 희망은 과연 무엇일까에 대해, 특히 다른 인간과 삶에 대한 희망에 대해 여전히 인간 실존에 대한 성찰이 줄 수 있는 이야기가 있다고 본다. 이런 희망과 절망의 긴장관계는 인간의 삶에서 언제나 계속되어 왔다. 어떤 사람들은 절망의 무게에 짓눌려 삶을 포기함으로써 그것을 벗어던지려는 사람들이 있는가 하면, 또 어떤 사람들은 좌절과 비극을 딛고 실존의 무게를 견디는 것을 넘어 그것을 적극적으로 긍정하는 의지와 용기를 발휘하기도 한다. 이승윤과 같은 예술가들의 등장은 이런 실존주의의 맥락에서 좀 더 뚜렷이 이해할 수 있으며, 단순히 그들의 예술 작품뿐만이 아니라 그들이 보여 주는 삶을 통해 인간이 발휘하는 존재의 의지를 살펴볼 수 있다.

'내 인생 또는 존재에는 어떤 의미가 있는가?' 또는 '사느냐 죽느냐 그것이 문제다'라는 실존적 질문은 그리 새로운 질문은 아니다. 특히 문화 예술 분야에서 주로 다뤄 왔던 질문이기도 한데, 대중에게 가까운 영화 부문에서도 자주 다루는 주제이기도 하다. 내 개인적으로 가장 친숙한 예로는 리들리 스콧 감독의 1982년 작 〈블레이드 러너〉와 워쇼스키 형제[2]가 감독한 1999년작 〈매트릭스〉 정도가 있다. 이렇게 언제나 사람들 곁에 머물러 온 질문이기도 하지만 동시에,

종교적 신앙을 제외한다면 대부분의 사람들이 딱히
어떤 답을 내린, 또는 쉽게 내릴 수 있는 질문이 아닌
것만은 분명한 사실이다. 그리고 음악, 특히 대중음악의
영역에서 봤을 때 근래 들어 철학이라 부를 정도로
존재에 대한 질문을 던지는 가수 또는 아티스트는
극히 소수이기도 하다. 그렇기 때문에 이승윤의 등장에
사람들은 이구동성으로 고인이 된 마왕 신해철을
그리워했는지도 모른다. 확실히 미디어 데뷔 이전에
그가 만든 노래들을 들으면 음악적으로는 다를지 몰라도
노랫말 등에서 풍기는 철학적 시선에 있어 신해철이
떠오르는 것이 사실이다. 아마도 다른 한편으로 삶과
인간 존재의 고민을 다룬다는 점에서 이승윤 자신이
말하는 것처럼 가수 이적 음악의 파편인 것일지도
모른다. 이처럼 인간의 존재, 특히 실제 존재하는 삶과
자아에 대한 질문은 철학뿐만 아니라 대중문화 예술에
있어서도 굉장히 중요한 한 부분을 차지하고 있지만
쉽게 다룰 수 있는 주제는 아니다.

이런 삶과 존재에 대한 물음 또는 의심은 존재하지
않는 것이라는 의미의 '비존재'(존재가 아닌 또는 존재하지
않는 '것', non-being)라고 부르는 개념에 그 기원을 둔다.
완벽한 설명이 될 수는 없겠지만, 이것을 동전에
비유해서 설명할 수 있다. 동전은 앞면과 뒷면이 함께
있다. 동전이 동전으로서 존재하고 기능하기 위해선

이 두 면이 모두 어떤 의미에서 '실존'한다. 그러나
실제로 앞면이 드러날 때 뒷면은 드러나지 않는다.
앞면이 '존재'라고 한다면, 이때 뒷면은 '비존재' 또는
'실존하지 않는 것'이다. 물론 다시 말하지만 이것은
완벽한 설명은 되지 못한다. 다만 실존하는 것과 반대에
있는 비존재의 위치를 어렴풋하게나마 가늠할 수 있는
상상을 돕는 정도다. '나'는 실존하고 있지만 실존하지
않고 있는 수많은 잠재들도 함께한다. 아직 내 실제의 삶
속에는 실현되거나 실천되지 않은, 다시 말해 존재하지
않는 잠재된 가능성들이 셀 수 없이 저 어딘가 비존재에
남아 있다. 물론 거기엔 좋은 일들에 대한 가능성만
잠재해 있는 것이 아니다. 질병과 이별, 종국에는 찾아올
육체의 죽음까지도 때를 기다리고 있다. 이러한 모든
것들은 아직 실현되지 않았다는 의미에서 저 '비존재'에
뿌리를 두고 있다. 그래서 인간 실존은 언제나 이 존재와
비존재의 긴장관계로, 동전의 양면의 끝없는 대립으로
이해할 수 있다. 음악에 빗대어 설명하자면, 한 음계라
할지라도 모든 음들이 선택되는 것은 아니다. 그 한
곡에 맞는 음을 연주자가 선택해서 배치하게 된다.
특정 음계에 속하든 속하지 않든 다른 음들의 가능성은
사라지지 않는다. 연주되고 만들어진 노래에게 그러한
잠재된 나머지 음들은 음악 존재의 다른 면인 비존재가
던지는 위협이 되며 연주자에게 그것은 긴장을 가져오는

불안 요소이기도 하다.

인간 실존의 입장에서 보자면 그러한 비존재는 위협이나 마찬가지다. 그런 비존재의 실제로 인해 사람들은 그것을 인식하든 인식하지 못하든 자신의 실존에 대한 안전과 성장, 번영 등에 대해 불안해하고 집착하게 된다.

불안과 실존

인간은 불안을 안고 산다. 현대 사회를 사는 사람들은 언제나 열심히 일하고 그러면서도 여가를 즐기며 삶의 여유를 만끽하려 한다. 그럼에도 불구하고 현대인은 외로움과 고독을 다루지 못하고 내면뿐만이 아닌 밖에서 전해지는 알 수 없는 불안을 직면하고 때로는 이겨 내지 못해 다른 도피처들을 찾아다니기 위해 몰두하곤 한다. 실존의 나는 태어나고 죽는다. 죽음에 의해 한정되는 인간의 실존은 단순히 생이 소멸하는 것을 넘어 존재의 의미를 상실하는 비극을 마주하게 된다. **탄생과 함께 죽음을 향한 여정은 시작되고 그 죽음으로 자아는 의미의 상실을 피할 길이 없다.** 이런 불안한 자아는 확실하고 의미를 상실하지 않으며 항상 거기에 있는 무언가를 추구하게 된다. 그러나 의심과

불안은 사라지지 않는다. 내 실존이 유한하듯 내가
추구하는 그 무언가도 유한할 것이기 때문이다. 이처럼
비존재를 통해서 실존을 향해 던져지는 부정적 잠재들은
인간의 약함을 드러낸다. 이 약함은 곧 두려움을 가져와
인간으로 하여금 외부 환경에 의해 과도한 영향을
받거나 일상의 일들에 과도하게 몰입하고 걱정함으로써
인간 존재에 있어서 가장 중요한 질문들을 회피하는
것이다. 철학자 아리스토텔레스는 진실로 덕스러운
사람은 자기 자신의 친구가 된다고 말했다. 그러나 이
말은 자기 확신에 어려움을 겪거나 고뇌하는 사람은
아직 어떤 도덕적이거나 인간적인 탁월함을 성취하지
못한 사람으로 인식될 오해의 위험이 있다. 그러나 결핍
또는 결여는 반대로 그러한 사실을 인정하고 마주할
수 있는 탁월함의 가능성을 의미하기도 한다. 그리고
그 가능성은 용기를 발휘할 때에만 실제가 될 수 있다.

용기는 위험과 불안을 직면할 때에야 비로소 용기라고
불릴 수 있기 때문이다. 그 말은 다른 한편으로 보자면
용기를 얻기 위해선 누구나 위험과 불안에 대한 경험을
필요로 한다는 말로 이해할 수도 있다. 깊은 좌절을 알지
못하면 그로부터 반작용하는 깊은 희망 또는 소망을
알지 못한다. **온전한 인간으로 서기 위해선 긍정이든
부정이든 모든 경험으로부터의 정반합의 반향, 작용이
요구된다.** 예술적 공연과 표현이 제대로 이뤄졌는지의

95

여부는 그 순간 발현되는 예술가 본인의 존재에 의해 결정된다. 그것은 오로지 긍정적인 표출만을 말하지 않는다. 하나의 온전한 자유와 저항의 상징으로서의 락 음악이 되기 위해선 음악적, 악기적 연주의 높은 숙련도도 무시할 수 없겠지만 결핍과 불완전함까지도 외면하지 않고 수용하는 부정적 요소를 향한 표현과 용기도 요구된다. 그것이 80년대 태동한 펑크와 프로그레시브 락의 대표적인 성격이었다. 이것은 다시 말하자면, 어둠과 좌절이 존재를 집어삼킬 가능성을 마주하지 않고서는 그것들을 이겨 낼 수 없고, 그렇지 않고서는 존재가 용기를 가지고 발휘할 길은 전무하다는 뜻이다. 좌절 가운데에 빠져 있지 않기 위해선, 반드시 좌절의 가능성을 마주해야만 한다. 그러고 나서야 그것을 이겨 낼 수 있다고 말할 수 있다. 존재는 그런 억척스러움을 뚫고 나서야 실존할 수 있다.

하지만 우리는 그러한 좌절의 가능성, 또는 부정적인 것에 대한 불안 또는 믿음에 대한 의심을 나쁜 것이라 배워 왔다. 의심과 불안을 제거하기 위해 기존 체제는 그 지배하에 있는 사람들에게 교육 등의 수단을 통해 절대적인 믿음을 가르쳐 왔다. 불안과 의심, 두려움에 집중하는 것은 죄를 짓거나 악마적이라는 가르침 말이다. 그러나 이승윤과 같은 아티스트들과 그들의 예술 작품을 통해 사람들이 경험하는 것은 정반대의

것이다. 환대에 대한 이야기에서도 말했듯, 사람이 사는
집단 안에서 선과 악이 언제나 명확히 구분되는 것은
아니다. 이러한 복잡하고 모호한 성격은 이승윤이 만든
〈빗 속에서〉In the Rain라는 노래에서 잘 드러난다. 인간의
감정과 그것의 정직하고 진실한 표현을 상징하는 눈물은
대낮의 환한 빛이 아니라 어둡고 흐린 가운데에서
내리는 빗속에서 받아들여진다. 그 어두움과 흐린
공간에 눈물 흘리는 누군가와 또 함께 있는 내가 있다.
환하고 밝은 빛이 아닌 어둡고 흐린, 불안처럼 보이는
것들로 둘러싸인 공간에 놓인 '나'는 '너'라는 타자와
함께 있기를 원한다. 불안한 실존에게도 따스함이
존재하며 그 누구와도 연대할 수 있다는 표현은
폭발하는 감정의 포효는 아닐지 몰라도 기존의 구조와
규범적 가르침을 깨는 카타르시스가 담겨 있다. 그래서
그 어느 작품들보다도 더 깊고 진한 여운을 남긴다. 그
조용하지만 계속되는 인간 실존의 연대를 향한 공명은,
때로는 지나치게 감상적이라는 평가를 들을 수도 있다.
그러나 그것은 어쩌면 언어적 표현으로는 담을 길 없는
깊은 존재를 향한, 그리고 비존재를 향한 연민일지도
모른다. 진짜 믿음, 또는 진짜 꿈과 그것에 대한 믿음은
실존이 안고 있는 불안을 마주하고, 그것을 넘어 타인을
향할 때에라야 얻을 수 있는 보물과 같다. 진정한 용기란
진정한 위험과 맞설 뿐만이 아니라 그것을 감싸 안을 수

있을 때에라야 빛을 발하고 드러날 것이기 때문이다.

이것은 철학자 니체 Friedrich Nietzsche가 말한 생을 향한 사랑, 아모르 파티 amor fati를 빌어 설명하면 이해하기가 쉽다. 재미있게도 이승윤은 가수 김연자의 노래 〈아모르 파티〉를 자기만의 방식으로 재해석해서 부르기도 했다. 그 편곡은 굉장히 인상적이었는데, 내 개인적으로는 한국 대중음악사에 있어서 신해철의 〈절망에 관하여〉와 함께 가장 니체스러운 곡으로 꼽힐 만하다. 너무나 니체스러운 편곡과 무대, 특히 심장박동처럼 도입부에 시작되는 드럼의 비트와 베이스 라인은 죽은 니체가 벌떡 일어나 당장에라도 문을 열고 들어오는 것이 아닐까 하는 생각이 들 정도였다. 음악인 김종진은 경연 방송 당시 이승윤에게서 사이키델릭 Psychedelic **3** 장르의 느낌이 난다고 했는데, 그 점에 초점을 맞춰서 그의 노래를 들으면 때로는 서스펜스, 때로는 몽환적인 색깔이 잔뜩 배어 있음을 느낄 수 있다.

아모르 파티: 생을 향한 의지와 사랑

〈아모르 파티〉는 본래 '숙명에 대한 사랑' love of (one's) fate을 의미하는 라틴어다. 니체의 '비극의 탄생' The Birth of Tragedy 섹션 3에서 언급되는 내용이며 후일, '즐거운 지식'The Gay Science에서 '같은 것의 영원한 반복'the eternal recurrence of the same이라고 하는 개념을 통해 철학적으로 발전되는 개념이다. '영원회귀'로 알려져 있는 이 개념에 대해 니체는 '인간의 위대함에 대한 공식'이라고 말했다. 그것은 무엇 때문일까? 여기엔 모든 크고 작은, 중요하고 소소한 인생의 모든 요소들은 정해져 있고 반복된다는 자연주의적 운명론이 기본 틀을 이루고 있다. 내가 살고 있는 지금 이전에도 생명과 의지로서 같은 인간 '나'는 존재해 왔다. 백 번, 천 번, 만 번 다시 태어나도 모든 것들은 정해진 대로 흐를 것이다. 인간의 삶은 그렇게 계속 같은 삶을 무한히 반복할 뿐이다. 인생의 허무와 염세주의를 극대화하는 듯한 이 주장은 사실 그러나 니체의 인간의 자유로운 영혼에 대한 공식이다. 모든 가능한 생각들과 사실들, 특히 끔찍하고 비극적인 생각들의 실현을 받아들이고 결정함으로써 더욱 창조적이고 생을 향한 강한 염원과 의지를 갖게 되는 영웅적인 인간(초인. Übermensch, 영어로는 Super-human 또는 Overman으로 번역된다)이 된다는 것이다. 이 '슈퍼인간'은 우리가 흔히 알고 있는 헐리우드식 슈퍼 히어로 영화에 나오는 그런 캐릭터와는 거리가 멀다. 자연에 영향을 받을 수밖에 없는 그 굴레에서 존재의 심연까지 닿을 수 있는, 실존을 초월하는 운명적 자유를 깊이 묵상하고 발견하며 발현해 내는 인간을 말한다.

그것이 바로 생을 향한 사랑인 '아모르 파티'를 실천하는 것이다. 단순히 피할 수 없는 비극과 절망을 견디거나 스스로 괜찮은 척하는 것이 아니라 사랑하는 것을 말한다. 여기엔 생과 죽음이라는 긴장이 존재한다. 태어남과 죽음은 숙명 fate이다. 그 외 다른 작은 요소들, 이를테면 어느 날의 날씨와 새 소리, 여기에 창조적인 생을 향한 의지가 끼어들 수 있는가? 이것이 니체가 가지고 있던 질문이었다. 이를 간단히 음악에 비유를 하자면 다음과 같다. 음은 정해져 있다. 음의 길이도 높낮이도, 그리고 여러 음들이 함께 내는 화음과 음계도 정해져 있다. 악보 또한 원론적 의미에서든 실제 연주되는 악보이든 상관없이 그 시작과 끝은 정해져 있다. 그러나 그것을 어떻게 배열할지, 어떤 느낌으로 마주하고 연주할지, 어떻게 끝을 낼지는 개인의 자유다. 그러나 전체 음악적인 관점에서 보자면 음악적 숙명에서 벗어나지는 않는다. 몇 번을 다시 연주하더라도 그 악보의 음들은 그대로 반복될 뿐이다.

그러나 자유로운 영혼은 이 정해져 있는 악보 안에서 자신의 숙명을 운명 destiny으로 변화시킬 수 있다. 내가 자유로운 '나'이기 위해선 어찌 됐든 구속과 제한과의 동거는 필수이며 불가피하다. 그것은 명확한 것을 받아들이는 것으로서 여기에 다른 선택은 없다. 예를 들면, 죽음은 피할 길이 없다. 받아들이는 것일 뿐이다.

죽음을 죽음이 아닌 척할 수 없다. 생을 향해 남은 유일한 길은 그것을 전적으로 긍정하고 끌어안아 사랑하는 길뿐이다. 그것이 바로 비극에 대해 내릴 수 있는 지혜로운 최종 결론이다. 하지만 니체에게 비극이란 그저 '죽음은 사실이고 당신은 죽을 수밖에 없다'라는 잔인한 사실을 말하기 위해 기능하는 것이 아니다. 니체는 '사실은 존재하지 않는다. 다만 해석이 있을 뿐이다'라고 했다. 비극적인 개인을 움직이고 생동케 하는 것은 죽는다는 사실이 아니라, 그렇기 때문에 살아야 하고 더 적극적이고 자유롭게 살아야 한다는 결정이다. 니체식으로 질문하자면, '천 번을 태어나도 당신은 지금과 같은 삶을 살고 그 자리에 있겠는가?' 만일 아니라고 한다면, 어떤 후회를 남겨 놓고 있는 것인가? 그러나 지나간 삶은 되돌릴 수 없다. 대신 이 질문을 다시 마주할 내일 살아갈 삶에 대해 '그렇다'라는 답을 내리고 싶다면 지금부터 어떤 의지와 자세로 삶을 살아야 할 것인지 당신이 가장 잘 알고 바로 당신이 결정을 내려야만 한다. **그러나 반드시 명심할 것은, 내일도 비극과 절망의 사건은 일어날 수 있고 일어날 것이라는 사실이다. 그 역경까지도 사랑할 '의지'를 갖는 것이 생을 향한 사랑이다.**

진리 또는 지식의 힘은 그것을 아는 데 있지 않고 그것이 얼마나 삶과 일체를 이루고 있느냐에 있을 것이다. 그 일체의 정도를 파악할 수 있는 길은 공교롭게도, 우리를 결정하는 불가피한 것들을 얼마나 받아들일 수 있느냐를 살펴보는 것으로 대신할 수 있다. 루터교 목사의 아들로 태어나 고전 철학을 공부한, 자신을 인간이 아닌 다이너마이트라고 정의한 니체에게 인간의 삶은 초월적 목적을 위해 살아야만 하는 소명이 아니라 자연에 의해 정해진 삶의 반복 속에서 그 일부인 죽음과 변화에 대해 긍정함으로써 받아들여야 할, 그렇게 사랑함으로써 정복해야 할 숙명이었다. 그 어느 순간 끝은 오게 되어 있다. 그에 대한 두려움과 걱정은 끊임없이 인간을 붙들 것이다. 모든 위대한 철인들도 그 고민과 질문에서 자유롭지 못했다. 그리고 그들 대부분 죽음 직전 어느 순간 모든 것을 멈출 순간들을 맞이했다. 그리고 나머지 세상과 다른 사람들은 여전히 각자의 생을 향한 몸부림을 계속해 나갈 것이다. 죽음 이전에도 멈추지 않고, 그 삶을 향한 의지를 발휘하는 중에 죽음을 맞이하는 것이 니체가 말한 자유의 순간이 아닐까? 그래서 니체의 철학, 특히 아모르파티는 그만큼 생을 향한 의지를 불태우게 할 만큼 강력한 도전이 되면서도 수많은 질문들을 던져 준다.

인간의 실존을 한계 짓는 명백한 것, 다름 아닌 죽음과 그에 따른 의미의 상실 앞에 서 있는 삶이라는 운명 앞에서 한 존재는 자신의 생명력을 구체적으로 발휘하겠다는 다짐을 하게 된다. 이러한 다짐은 용기를 필요로 한다고 했다. 그 용기는 존재를 부정하는 비존재에서 존재로 실체화되기 위해 무수한 의심과 실패에 대한 두려움을 뚫고 현실에 이르게 된다. 이것은 '이승윤'이라는 한 인간 존재 안에 내재할 뿐만 아니라 우리 모두가 가지고 있는 힘이다. 사람들은 그를 통해서, 그리고 그와 같은 사람들을 통해 이런 실존의 긍정을 간접 경험하고 있는 것일지도 모른다. 실존주의 철학은 이것을 존재의 근원인 '존재 그 자체'Being itself **4**로부터 비롯된 실존하기 위한 힘이라고 정의한다. 이것을 종교적인 관점에서는 신의 은혜 또는 섭리로 해석할 수도 있다. 그러나 나는 신적 초월자의 이야기를 하려는 것이 아니라 인간으로서 인간의 이야기를 하려는 것이다. 인간의 관점에서 보자면 여전히 존재의 힘과 의지를 발현해야 하는 주체는 인간 자신이다. 그로써 이 힘 또는 섭리가 보여지고 식별될 수 있기 때문이다. 그럴 때에야 사람들은 비로소 한 사람이 실천하는 존재의 용기를 마주하게 되고 경험하게 된다. 그것은 가능성과 잠재력이 현실 가운데 실체화되는 것이다. 가능성이 현실이 될 때 필요한 것은 믿음이다. 이 경험을 통해서 한 사람은 자신을 한계 짓는 존재의 반대편, 비존재를 껴안게 되고, 그로써 자기가 인식하고 있던 자신 너머의 새로운 가능성을 보게 되는데 이것이야말로 더 나은

103

'나'를 향한 자유와 소망을 갖게 되는 것과 같다. 이 믿음과 소망이 존재의 용기를 발현하는 한 사람을 통해 드러나게 되며 또 그를 통해 다른 사람들에게 자유롭게 경험된다. 왜냐하면 이러한 존재적 힘은 누구에게나 내재해 있을 뿐만 아니라 앞서 이야기했듯 인간 존재에 대한 환대의 사건을 가능케 하는 원동력이기 때문이다. 이질적 실존을 향해 발휘한 용기를 통해 존재적 기원이 공유되는 이 연대의 경험은 종교적 체험과도 유사한 일종의 카타르시스를 가져온다.

모순으로 들리겠지만 이러한 경험이 음악인 이승윤을 비롯한 대중 스타들을 향한 무조건적인 추종으로 연결되어서는 안 된다. 그것은 누군가의 팬이 되길 거부한다는 말과는 다르다. 좋아하는 음악가나 아티스트를 두지 않는다는 말과도 다르다. 이것은 대중문화 산업의 굴레에 속박되거나 그러한 소비자들을 옭아매는 상술에 휘말려 끌려다니는 것을 거부하는 것을 의미한다. 연예인들의 삶과, 흔히 '인플루언서'라고 말하는 사람들의 삶을 동경하는 것은 존재를 향한 도전과 거리가 멀다. 누군가가 살아가는 삶의 외형을 선망의 대상으로 여기고 좇는 것은 당면한 불안과 의심을 회피하는 비겁한 모습이거나 그야말로 신기루를 좇는 일일 가능성이 크다. 그것은 '나'의 삶이 아니다. 이 짧은 생이라는 시간 동안 다른 사람이 일궈 놓은 삶을 선망의 눈으로 바라보고 대리 만족하며 자위하고 있을 수는 없다. 나의 소중한 시간과 실존의 삶이 당면한 죽음과 의미의 상실이라는 무게가 너무나 무겁기 때문이다. 이 소중하면서도 끝이 보이는 삶을 살기 위해선 그 모든 것들을 끊어 내고 동시에 자신의 길을 갈 수 있는 용기가 필요하다.

이 용기는 안정된 삶이 위협받는 것 같은 불안과 두려움이라는 실존의 불안을 다스리고 이겨 낼 수 있는 이야기에서 발견할 수 있다. 이미 우리에게는 그런 이야기들이 있다. 각 시대마다 그 시대의 고민을 안고 살아가는 여러 세대의 사람들을 위한 이야기들이 있었다. 그리고 나는 음악인 이승윤의 이야기도 그런 이야기들 중 하나라고 생각한다. 지금을 살아가는 평범한 사람들을 위한 이야기들 말이다. 이승윤과 같은 사람들의 이야기와 그들이 이루는 인생의 성취는 사람들에게 자신을 추종하라고 말하지 않으며, 성공과 성취를 위해 인간됨을 포기하거나 기존의 체제를 무너뜨리자고 말하지 않는다. 그의 작품 세계 안에서는 명확한 지배와 피지배 계층의 대립이 그려지기도 하지만 그렇다고 그것의 전복을 찬양하거나 부르짖지 않는다. 다만 그 어느 곳에서든 살아가는 인간의 실존에 대한 존중이 남겨져 있다. 그래서 그의 작품 세계 안에서 시적 화자는 누군가를 사랑하지 않아도, 열심히 살아

내지 못해도, 그저 있는 그대로의 모습으로도 괜찮다고 이야기한다. 누가 뭐라 하는 것이 아니라 우리가 가진 실존의 삶, 이름을 가진 삶이 중요하다고 말한다. 새벽녘 아직 어둠이 가시지 않은 시간, 푸르지만 어두운 새벽의 시간, 한 걸음 내딛는 삶의 발걸음이 너무 소중하다고 말한다. 우리는 그를 통해, 그의 노래를 통해 자신의 존재의 깊음을 엿보고 만나며 조명한다. '나'는 '나'로서 오롯이 홀로 설 수 있다. 그리고 그 홀로 됨으로 '너'를 인정하며 '우리'가 된다. 우리는 모두 각자가 당면한 문제들로 걱정하고 두려워하고 있다. 완벽하지 않은 어찌 보면 평범한 삶 속에서 불안을 제거할 수 없는 인생들이다. 우리는 그렇게 이 세상 속 여러 영역들 사이의 경계에서 실존적 긴장과 불안을 경험하며 살아간다. 그 경계는 넓고 서로의 거리는 멀어 보여, 다름에 대한 인정과 공존, 그리고 연대는커녕, 서로를 인식하는 것조차 버거워 보인다. 그러나 '존재 그 자체'가 우리의 공유하는 이야기가 되어 서로를 인정하며 받아들이고 함께 연대할 수 있다. 한 실존이 만들어 가는 음악과 삶의 이야기로 사람들은 자신뿐만이 아니라 자신과는 다를 수밖에 없는 타인에 대해 마음의 눈을 돌리며, 그로써 서로의 불안과 불완전함을 보다듬을 수 있지는 않을까? 완벽한 해답이나 시스템을 제공할 수는 없다. 시간은 흐르고 시대는 흐르며 우리의 삶도 계속 변해 간다. 그러나 아파하는 사람들과 함께, 우는 사람들과 함께, 기도보다도 더 아프게, 흐르는 눈물에 비가 되어 함께 흘려 줄 수만 있다면, 그 누군가 어둠 속에서 외롭게 덩그러니 홀로 남겨지는 일은 없을지도 모른다.

누구나 살아야 할 길을 찾기 마련이다. 돈이 될 수도 있고, 명예 또는 유명세일 수도 있다. 그 무엇이 되든 간에 인간의 고통은 사라지지 않으며 삶의 고달픔은 이 생 가운데 결코 사라지지 않는다. 모두가 각자의 십자가를 짊어지고 살아간다. 인생은 기쁜 일과 슬픈 일, 환희의 날과 낙심의 날들의 연속이다. 강함이란 그러한 운명의 변덕에 지치지 않고 꺾이지 않음을 말하는 것은 아닐까. 더 깊은 강함이란 인생의 높고 낮은 때를 모두 즐겁게 맞이하는 자세일지도 모른다. 그런 점에서 '싸움은 결국 나 자신과 하는 것'이라는 진부한 말은 또 다른 진리로 우리에게 다가온다. 니체가 가르쳐 주는 교훈이 바로 여기에 있다. 삶이 나를 속일지라도 슬퍼하거나 노여워할 필요가 없다. 푸쉬킨의 이 시의 더 깊은 의미는 니체를 통해 발견된다. 생을 향한 의지는 운명에 굴복하지 않는다. 존재라는 깊은 심연을 바라다보고 있으면 마치 영화 〈이벤트 호라이즌〉에서 등장하는 차원 저편의 '지옥'이 불현듯 떠오를 정도로 공포스럽기도 하지만, 그것은 '나'라는 존재를 통해 보는

실존의 실재^{substance}에 닿기 위해 벗어던져야만 하는
비존재의 실체일지도 모른다. 그래서 비존재는 두려움을
극대화시키는 불안 그 자체이기도 하다. 니체는 그것을
사랑함으로 이겨 내라고 말한다. 그것을 극복하고
점령할 뿐만 아니라 껴안는 사랑으로 존재는 전진할
수 있다. 아니, 어쩌면 그것 자체가 인간의 숙명일지도
모른다.

Chapter 2.
서사적 존재, 실존과 삶

서사(Narrative)

이승윤의 미디어 데뷔는 지상파 3사가 아니었다.
유명이든 무명이든 어떤 소속사 출신도 아니다. 지극히
평범해 보이는, 자신을 '방구석 음악인', 뛰어난 가수를
보면 '배 아픈 가수'라고 소개하는 청년일 뿐이었다.
오랜 시간 길거리 버스킹과 무명 가수들이 겪을 수밖에
없는 무시와 천대의 자리에 서 왔던 이 무명 음악인에게
왜 사람들은 열광하고 기꺼이 자신의 시간과 에너지를
할애하는 것일까? 호불호의 판단을 떠나서 대중이
자신들의 스타로 또는 대표로 누군가를 선택할 때,

그러한 대중의 인기는 언제나 다수의 욕망이 반영된 것이라는 것을 무시할 수 없다. 우리는 이미 정치, 문화, 사회적으로 그러한 수많은 역사적 증거들을 가지고 있다. 무조건 이 하나의 이유로 단정 지을 수는 없겠으나 주요한 이유 중 하나는 언제나 대중이 원하고 바라는 욕망의 투영이다.

욕망은 결핍의 또 다른 말일 수 있다. 사람들은 무언가에 대해 장시간에 걸쳐 지속적인 부족을 경험하면 결핍의 상태에 이르게 된다. 이 결핍을 구체적으로 설명하는 것은 굉장히 복잡하고 난해한 일이지만 다행히 그가 말한 환대, 존재, 경계선을 통해 그 출발점을 잡을 수 있게 됐다. 우리는 환대에 대한 결핍, 존재의 상실, 그리고 경계선적 삶에서 경험하는 의미의 상실 등을 겪으며 결핍을 경험하며 살고 있다. 그리고 이러한 결핍은 사실 한 인간이 살아가는 이야기에 대한 결핍과 다르지 않다. 환대뿐만이 아니라 그 어떠한 사회학적 용어도, 심지어 '존재'와 '실존'이라는 철학적 개념도 결국 실제로 두 발을 딛고 이 땅 위에서 오늘을 살아가는 한 사람을 위한 언어적 도구에 지나지 않는다.

음악인 이승윤의 인기는 우리가 흔히 여러 경연 프로그램들을 통해서 접하게 되는 다양한 이야기와 닮았지만 조금은 다르다. 그들의 이야기가 가치가 없다는 것이 아니라 이승윤의 이야기를 통해 환대와 존재, 경계선이라는 시대적 가치와 의미들이 더 뚜렷이 드러나기 때문인 것 같다. 특히 이런 특징들은 그의 작품들에까지 일관되게 연결된다. 다른 경연 프로그램 참가자들의 이야기가 대중들에게 어필하는 부분이 있지만 인터뷰나 매체 등을 통해서 참가자의 음악에 대한 철학이나 경연을 넘어 개인의 정체성과 삶을 대하는 자세 등에 대해서 눈에 띄는 경우는 거의 없었다. 그가 데뷔한 프로그램의 특성이기도 하겠지만 결국 그런 내용을 전달하는 것은 발언하는 사람의 철학과 실존의 깊이에 달려 있다. 그의 발언과 태도, 그리고 이어지는 공연 등에서 그는 '이승윤'이라는 자기 존재의 이야기를 구체화하려 했고 특정하게 구분 지었다.

그렇다면 사람들은 왜 이러한 이야기 또는 서사라는 구조에 끌리는 것일까? 특히 경연 프로그램에서 볼 수 있는, 역경을 뚫고 의미 있는 결과를 도출해 내는 그 단순한 플롯 또는 구조에 사람들은 쉽게 매료된다. 단순한 이유일 수 있겠으나, 결국 인간은 서사적 존재이기 때문이다. 인간의 삶은 이야기들로 이루어져 있다. 태어나면서부터 죽는 순간까지, 한 사람의 인생은 여러 이야기들로 연결되어 있다. 가족의 이야기, 부모님의 이야기, 자손들 또는 주변 사람들과 맺어진 관계의 이야기들 말이다. **동시에 우리는 자신의 삶이 야생의 동물들처럼 즉흥적인 본능과 욕구에 이끌려**

111

살아가는 삶이 아니라 어떤 숭고한 의미를 가진 이야기, 아름다운 서사가 되기를 본능적으로 소망한다. 우리가 성취하려고 노력하는 꿈과 목표들은 그 자체로서도 소중하지만, 자기 자신을 만족시키는 것 이상의 무언가 더 숭고하고 성스러운 의미를 갖기를 바란다. 그래서 사람들은 비록 지금 당장은 힘들고 어려운 삶을 살고 있지만 이런 시간들도 아름다운 인생의 여정을 수놓아 줄 멋진 한 장이 되기를 소망하며 살아간다. 그렇게 긴장과 좌절, 낙심과 대립이 팽배한 세상 속에서 '나의 이야기'는 위기를 지나 절정과 해소, 아름다운 결말로 이어질 것을 꿈꾼다.

이렇게 '이야기'는 사람들 각자의 삶은 물론 존재 깊숙이 자리 잡고 있다. 그렇다면 다시 본론으로 돌아와 보자. 물론 아직까지 그를 모르는 사람들이 많긴 하지만 왜 또 일군의 사람들은 유독 음악인 이승윤의 이야기에 빠져드는 것일까? 단도직입적으로 말하자면, 이승윤의 이야기는 우리가 흔히 말하는 '개천에서 용났다'는 이야기, 조금 달리 표현하자면 잿더미 가운데에서 태어난 불사조의 이야기와 많은 부분 일치한다. 그것은 사람들 각자가 소망하고 꿈꿔 왔던 이야기가 인간 이승윤을 통해 이뤄지는 것을 목격했기 때문이라고 말할 수도 있다. 요즘 세상을 더 이상 개천에서 용이 날 수 없는 시대라고 한다. 부의 제도적 양극화를 가속시키는 사회구조 때문이다. 아무리 재능이 있어도 그런 재능을 길러 낼 수 있는 뒷받침이 없이는 자신의 꿈을 펼치기가 쉽지 않다. 고(故) 신해철이 말한 것처럼, 과거의 시대와 지금 시대의 차이점이라면 무엇보다도 예전처럼 음악가 집안에서 훌륭한 음악가가 태어나는 것이 아니라 음악을 듣고 즐기는 대중들 사이에서 스타가 탄생하는 의외성에 있다고 할 수 있다. 그러나 부의 제도적 양극화가 심해지고 공고히 자리 잡게 되면서 오히려 과거로 회귀를 해버린 것은 아닌지 의심할 수밖에 없다. 신해철의 말처럼, "바흐 삼촌도 바흐, 바흐 아버지도 바흐. 그래서 아들도 바흐"가 손쉽게 되어 버리는 세상 말이다. 경제적 또는 인적 네트워크를 충분히 보유한 부모의 도움이 없이는 스스로 홀로서기가 불가능한 시대에서 우리가 그토록 바래 왔지만 상실해 버린 그 이야기의 실현이 음악인 이승윤과 같은 대중 스타들의 이야기를 통해서 아주 조금이지만 엿볼 수 있기 때문에 대중이 그를 향해 환호하고 성원을 보내는 것 이상으로 또 다른 무언가를 기대하고 있는 것은 아닐까?

서사 또는 이야기에는 사람을 살게 하는 힘이 있다. 그것은 단순히 개별 자아의 꿈 또는 욕망의 성취만을 의미하지 않는다. 하나의 성공 이야기가 동경의 대상이 되어 동기부여를 주는 정도밖에 취급되지 않는 요즘 세상이지만 이야기가 가진 힘은 사실 그보다 크다고 할 수 있다. 이야기가 가진 본질적 힘은, 물론 앞서 언급한 것처럼 인간의 실존 자체가 이야기적인 구조를 띠고 있기도 하지만, 그 실존적 개인으로 하여금 이야기에 참여할 수 있는 공간을 제공 또는 부여한다는 데 있다. 바로 이 점이 앞에서 얘기한 것처럼 환대가 중요한 이유다. 인간에 관한 철학적 성찰인 실존에 대한 생각은 반드시 그 자아의 이야기뿐만 아니라 완전히 분리되어 실존하는 타인의 이야기로 이끌려지고 이어지며 관계를 맺게 된다. **외부의 낯선 이를 환영하고 안으로 들임으로써, '나'도 '그'도 모두 전혀 새로운 이야기에 참여할 수 있는 기회를 제공받게 되는 것 말이다.** 이로써 들여보내짐을 받은 외부인이자 낯선 이방인이 기존의 이야기의 일부가 될 뿐만 아니라 그를 받아들인 사람도 기존 이야기가 가지지 못했던 확장을 경험하게 된다.

　그러나 이렇게 이야기에 참여하는 것이 새로운 참여자가 본래 가지고 있던 이야기의 소멸로 이어지지 않으며 그래서도 안 된다. 그것을 위해서는 인간 실존에 대한 독립성과 고결함에 대한 이해가 필수적이다. 모든 인간의 실존은 존재의 근원이 되는 생명에 닿아 있다. 인간의 생명이라는 밑받침이 된 이야기로의 참여는 그 큰 이야기로의 흡수가 아니라 작은 개별 이야기의 예상할 수 없는 확대와 확장이라는 풍성함과 연결된다. 그렇게 이야기로의 참여는 단 하나의 고정된 답이나 설명만을 가지고 있지 않다. 이야기에 참여하는 방식은 이야기를 어떻게 듣고 해석할 것이냐로 연결되며, 이것은 사람들이 저마다 다른 것처럼 가늠하기 어려울 정도로 다양하다. 이승윤과 같은 음악가들의 예로 좁혀서 생각해 보자면, 간단하게 노래를 구입하는 것부터 시작해 팬덤에 한 명이 되는 것일 수도 있고 그의 노래를 커버하는 것일 수도 있다. 또 72호 가수로서, 또는 방구석 예술가로서 자신만의 분야에서 포기하지 않고 다시 새로운 도전을 이어 나가는 것이 될 수도 있다. 그의 음악이 담고 있다고 생각하는 가치와 의미들을 발견하고 그대로 삶을 살아가기 위해 노력하는 것 말이다. 그런 삶이 켜켜이 쌓여 가면서 조금씩 그 음악가의 노래, 그 사람의 이야기가 내 삶의 발자취에 일부가 되어 갈지도 모른다. 이것은 분명 '나'의 이야기, 발현된 실존의 노래이며 다른 이야기로 흡수되어 종속된 절망에 관한 이야기가 아니다.

이야기가 가진 힘은 거기서 끝나지 않는다. 개별적 활동이 의미 없다는 것이 아니라 이야기 자체가 언제나 공동체성을 지향하기 때문에 개인을 넘어서는 연대를 가능하게 한다는 데 그 놀라운 확장력이 있다. 이야기는 언제나 공동체적이다. 공동체라는 말은 단순히 함께 사는 것을 말하지 않는다. 제한된 자원과 장소 등을 공유하는 것뿐만 아니라 연대를 함의한다. 이는 주로 정치, 사회 또는 종교의 영역에서 일어나는 일이긴 하지만, 그래서 더 흥미로운 것인지도 모른다. 서사는 그 이야기를 신뢰하고 공유하는 사람들에게 연대를 통해 함께할 수 있는 의미를 부여한다. 다시 말하자면, 서사로의 참여는 단순히 이야기를 정보로서 공유하는 것과는 다르다. 이야기를 정보로서 받아들일 수도 있는데, 그것은 이야기를 신뢰하고 개인의 주관적 믿음의 대상으로 삼는 것과는 다르다는 말이다. 물론 그렇다고 한 개인을 어떤 영웅이나 신격화하는 작업을 말하는 것은 아니다. 반대로, 인간이 다른 인간에게 건넬 수 있는 신뢰와 친절, 자비와 인내를 말한다. 이것이 앞서 말한 환대를 위한 연대의 실존적 실천일 것이다. 이 연대적 관계, 즉 한 인간과 다른 인간이 맺어 가는 관계에 대한 이해의 근본은 인간의 실존이므로 여기엔 그 어떠한 우월함과 열등함의 잣대와 평가가 자리할 수 없다. 믿을 수 있기 때문에 신뢰하는 것이 아니라 존재의 근원인 생명이라는 확신으로 신뢰하며 '내가 더 낫기 때문에' 친절을 베푸는 것이 아니라 '나'도, '그'도 사람이기 때문에 용납하고 도움의 손길을 내밀 수 있는 것이다.

　이러한 인간 실존에 대한 이해를 바탕으로 한 사람들의 사회적 또는 문화적인 연대는 이에 대한 적용이나 실천만큼이나 다양하게 정의할 수 있다.

다시 말하지만 연대는 개인이라는 작은 이야기의 확장을 가능하게 한다는 점에서 중요하다. 이 작은 이야기는 존재 그 자체인 생명에 근원을 둠으로 결코 작지 않으며 동시에 그것은 다른 이를 밟고 올라서는 경쟁에서의 승리를 통한 확장과 다르다. 이승윤 음악의 특징 중 하나는, 기존 체제에 대한 비판이 존재하면서도 상대방을 무찌르거나 소멸시키는 것에 집중하기보다는 대립과 반목을 초월하는 개인의 실존적 독립과 연대적인 대안을 제시한다는 점이다. 존재와 존재가 손잡는 인간적 연대는 그래서 언제나 비폭력적이고 대안적이며 창조적이다.

한 인간이 타인을 이해하고 함께하는 실존적 연대가 없는 집단은 단순히 개인의 욕구 충족을 위한 수단과 도구로 머물 수밖에 없다. 그러한 공동체 또는 집단은 언제든지 사라져 버릴 수 있고 때로는 정반대로 폭력적이고 전체주의적인 집단으로 변할 수 있다. 삶의 불안과 실존의 한계를 마주하며 자아를 이해할 용기를 발휘하지 못하며 따라서 타인에 대한 이해도 결여되어 수단으로서 사용할 뿐이다. 이승윤의 노래, 〈영웅 수집가〉에서 말하는 것처럼 자신만의 영웅 또는 스타를 수집했다가 싫증이 나거나 어떤 사건이 발생하면 금세 다른 곳으로 이동하는 소비적 패턴을 반복하기도 한다.

이야기는 개인의 이야기이지만 혼자만의 이야기일

수는 없다. 이야기는 언제나 '너' 그리고 '우리'를
포함하는 존재의 이야기다.

이승윤 장르: 존재를 위한 노래

여러 철학 사조마다 예술에 대한 태도가 다르다.
실존주의에서는 대상이 무엇이냐보다 그것을 대하는
인간 자신의 진지한 자세와 태도를 중요하게 여기며
그것이 윤리 또는 도덕의 출발점이 된다. 존재 그
자체 이외에는 현실에 존재하는 모든 것이 상징으로
존재하기 때문에 그것을 어떻게 경험하고 해석하느냐가
중요하다. 이승윤과 같은 싱어송라이터들로 좁혀서
보자면 이러한 특징은 노랫말로 드러난다. 그와 같은
대중음악, 특히 락 음악을 하는 아티스트들에게 노래를
이루는 가사는 예술가 자신과 예술 작품의 의미를
전달하는 데 있어 중요한 부분을 차지한다. 그러나 실제
결과물들을 보자면 '철학적'이고 '문학적'이게 보이는
가사는 진짜 '철학'이나 '문학'은 되지 못하는 경우가
다반사다. '나'의 실존과는 상관없는 '그저 그런 척'하는
행위일 뿐이다. 사실 노래와 음악 등의 예술 작품에서는
구체적으로 고려해야 할 것들이 많기 때문에 실존 등의
철학적 주제만을 깊이 있게 다루기란 쉽지 않다. 자신이

만들 음악을 소비할 고객인 대중들에게 더 매력적으로 보이기 위한 것을 고려할 때는 더더욱 어려운 작업이 될 수도 있기 때문이다. 그런 의미에서 심리학자인 프로이트 Sigmund Freud가 말한, '예술은 고객의 판타지를 충족시켜 주기 위한 작업'이라는 말이 일면 맞을지도 모른다. 그러나 그것이 본래 예술을 하는 의미는 아닐 것이다. 음악가는 자신의 실존적 존재의 만족을 위한 행위로서 음악을 하는 것일지도 모른다. 그래서 작품의 완성도나 대중의 호감도와는 상관없이 자신만의 예술 행위를 하는 것이 우선순위이자 가장 고결한 윤리이다. 다시 말해 예술 작업에 대한 깊은 몰입은 작품의 아름다움을 넘어 예술가의 도덕적 선과 연결된다는 말이다. 예를 들면, "이것 좀 봐, 예쁘지?"라는 말에는 대부분 "안 돼, 만지지 마!"라는 말이 함께하는 것처럼 말이다.[5]

하지만 이런 철학적인 예술 작업에는 기존 규범과 규율을 벗어나는 행위 등을 포함하는 불응과 그로 인한 배제의 경험이 함께한다. 즉, 노래로 한정해서 이야기하자면, 언어로서 새로운 실제를 만들어 내기 위해선 그 실제에 담길 경험이 반드시 필요하다는 얘기다. 그 후에야 '그저 그런 척'하는 것이 아니라, 예술가 자신만의 상징과 실제를 만들어 낼 수 있게 된다는 말이다. 의사이자 작가인 폴 투르니에 Paul

Tournier는 "인간의 행동은 인간의 심리와 연결되어 있다"고 했다. 한 사람의 의도에 반하는 그 사람 자신의 행동, 또는 더 나아가 의도가 없거나 심리학적 원인이 결핍된 행동은 없다는 말이다. 즉, 예술가, 구체적으로 가수의 노래는 그 노래를 만든 아티스트의 의도와 심리학적 원인과 직접적으로 연결되어 있다고 볼 수 있다. 가사로 대표해 말할 수 있는 예술 작품이야말로 기존의 공통적 규범과 가치, 전통에 대해 분쇄 또는 해체를 할 수 있는 공간이다. 특히 이승윤과 같은 음악가들에게 노래란 언제나 실존을 추구하는 통로이기 때문에 기존의 철학 또는 문학적인 작품들이 보여 주는 짜여진 듯한 플롯에 순응하지 않음으로 시작되기도 한다. 예술가는 언제나 자신만의 언어로 자신만의 실제를 창조하기 때문이다.

진정한 자신만의 노래를 하기 위해선 흐름이나 법칙 같은 것이 중요한 것이 아니라 결국 그 순간 존재의 발현이 중요하다. 음악적 기술과 규칙은 그 뒤를 따를 뿐이다. 그 점에서 '방구석 음악인'이라는 말을 우스갯소리 그 이상으로 해석할 여지가 있다. 시작은 위대해 보여도 결국 치열하게 살아가야 하는 삶은 변하지 않는다. 중앙과 주류가 아니라 자신의 실존을 추구하는 삶을 살아야 한다는 점에서 말이다. 니체의 말처럼 죽을 때까지 인간의 실존이란 그런 것이 아닐까?

체제나 공동체의 가치를 의식적으로 추구하는 사람은
본질적으로 생을 향한 의지를 발현하기가 쉽지 않다.
실존의 두려움을 마주하고 그것을 끌어안는 사람은
언제나 기존 체제의 경계로 밀려나기 마련이다. 다음
장인 경계선 부분에서도 다루겠지만, 사람들은 가끔
경계선에 선 사람들에 대해 생각할 때, 그들은 가치
판단을 보류하고 어정쩡한 위치에서 기능적인 일들만을
담당하거나 그래야만 하는 사람이라고 생각하는 경우가
있다. 그것은 오해를 넘어 지극히 기존 체제 중심적인
관점에서 비롯된 사고다. 경계인이야말로 중앙뿐만이
아니라 기존 시스템의 오랜 규범을 향해 자신만의
이야기와 그에서 비롯되는 가치를 외치는 사람이다.
인간은 사회 속에서 단순히 기계적이고 기능적 작업만
하며 살지도 않고 그럴 수도 없다. 그 속에서 신중함과
객관성을 이유로 여러 사건 및 사고와 연결되는 가치
판단에 미온적이거나 외면하는 것은 오히려 소수의
약자들과 경계선에 놓인 소외된 사람들에 대한 폭력과
억압에 간접적 동조를 하는 것과 같다. 차라리 '나는
보복이 두렵고 내가 입을 피해가 두렵다'고 솔직하게
말하는 편이 덜 비겁한 것 아닐까?

다시 이승윤 장르의 실존적 측면으로 돌아와서
얘기하자면, 진짜 예술은 과거의 기억을 보존함과
동시에 하나의 세계를 창조할 수 있어야만 한다. 그렇기

때문에 예술은 이에 대한 비판적 평가에도 열려 있으며
삶에 대한 물질적이고 과학 만능주의적인 태도에
반대한다. 이러한 예술가와 예술 작품은 예술 자체가
가진 초월적이며 내재적 힘으로 우리 각자의 감정들을
한데로 모으고 정화시키는 작용을 한다. 그렇기 때문에
위대한 예술 작품일수록 예술 그 자체가 가지고 있는
힘이 더 강하게 작용함으로써 다른 작품들과 분리된다.
그것은 고귀한 하나의 덕 virtue의 예표, 그리고 거룩한
상징이 된다. 물론 이런 예술적 상징들이 강자들과
약자들 사이의 억압구조라는 현실, 불안과 긴장이
팽배한 현실을 직접 바꿀 수 있다고 말하는 것은 아니다.
그런 생각은 이상주의도 낙관론도 아닌 그저 세상을
모르는 우매함 그 이상도 이하도 아니다. 하지만 또 다른
실제 reality이자 가장 중요한 주체인 '나'에게는 변화의
영향을 끼치기에 충분하다. 그것으로 세상이라는 현실이
보여 주고자 하는 '한계'에 대한 해석을 바꿀 수 있게
된다. 그건 내 '의지'로서 가능하기 때문이다. 철학자
비트겐슈타인은 그의 《논리-철학 논고》Tractatus Logico
- Philosophicus에서 말하길, '자유의지란 미래에 일어날
행동들은 현재 알 수 없는 것이라는 사실'에 기초한다고
했다. 즉, 본인의 자유의지로 알 수 없는 미래를 붙잡으려
헛된 희망에 매여 누군가 또는 무언가에 충성을 맹세할
필요 없이 예술 그 자체를 추구하려는 예술가처럼 인간

그 자체, 존재 그 자체의 깊은 의미를 추구하려는 의지는
기존 세상이 그려 놓은 경계를 초월하는 아무도 몰랐던
실존 자체의 세상을 창조해 낸다. 그것은 단순히 현실을
받아들이느냐 받아들이지 않을 것이냐의 이분법을
초월하는 창조적 대안이다.

공정과 정의를 부르짖는 외침들이 무의미하다는 말이
아니다. 세상을 바꿀 수 있다고 믿고 그래서 행한 정치적
선택들도 그 의사를 실천한 개인에게 있어 중요하다.
그러나 평범한 사람들의 생활은 날이 갈수록 피폐해지고
있다. 개인의 삶, 특히 사회 주변부로 내몰리고 있는
여러 세대들의 삶은 몸 하나 누일 곳, 기댈 곳 하나
없는 것이 현실이다. 들려오는 정보들이 넘쳐나는 세상
속에 살면서 이로 인해 경험하게 되는 상대적 박탈감의
골은 가히 절망적이라 할 만큼 깊어져만 간다. 이러한
절망감은 분노로 변한다. 그리고 이러한 분노는 다시
정치, 경제, 사회, 문화적으로 다양한 후속 선택들을
만들어 낸다. 그러나 결국 분노에 의한 선택들 때문에
피해를 입는 것은 평범하다는 말조차 사치스럽게
들릴지도 모를 주변부의 사람들이다.

예술의 특징 중 하나는 우리의 모든 감각을 한데
모으는 데 있다고 했다. 그것은 예술 작품에 실존을
투영할 수 있고, 그로써 존재가 가지고 있는 자아의
불안과 두려움을 직면하고 잠재우며, 잠시지만 인간의

실존을 안정적으로 보장함을 의미한다. 이승윤과 같은 음악인들이 행하는 작곡 또는 편곡 작업을 예로 들어 설명하자면, 어떠한 대상이 되는 노래를 분석하고 해체한 후 다시 재구성하는 것을 생각해 볼 수 있다. 여기엔 매 작업마다 의미의 부여와 상실이 수반된다. 그 의미적인 작업을 주도하는 음악가는 예술의 주체이면서 동시에 그 작품에 자신을 투영하는 객체가 된다. 그는 이를 통해 예술 작품을 하나의 거울로 사용한다. 그뿐만이 아니라 그를 다양한 통로로 경험하는 대중은 그 또는 그의 작품이라는 거울에 자신들이 바라보는 가장 최선 또는 적합한 자아의 객체를 투영한다. 이러한 일련의 복잡하고 다차원적인 작업을 통해 그와 같은 예술가의 존재는 예술 작품에 서리게 되고, 대중들도 그 작품을 통해 비슷한 경험을 하게 된다. 그래서 이승윤의 노래 또는 우리가 살아왔던 시대의 대중가요들은 우리와 함께 머물며 전체 시스템이 보여 줄 수 없는 개인들의 이야기와 가치들을 말하고 전수한다. 그것은 대중 예술이 산업이라는 시스템으로서는 전할 수 없는 의미이며 제공할 수 없는 답이다. 아마도 그로써 종전에는 불안을 증폭시켜 두려움으로 다가오게 만들었던 요소들, 의미들, 규범들, 심지어 죽음조차도 다른 모습으로 보이고 해석될 수 있게 할지도 모른다.

이러한 연합 또는 일치의 경험은 종교를 배제한다면

오로지 예술의 영역만이 대체 가능하다. 예술가의 실제, 그의 인간됨과 이야기가 하나의 실제를 구성하며 그 안에서 예술 작품과 관객들의 조화가 발생한다. 여기에는 중요한 한 가지 요소가 반드시 필요하다. 바로 예술 작품을 창조해 내는 예술가와 예술을 철학적 이해, 깊은 인간 이해로 살펴보고 해석할 이상적인 관객, 즉 관찰자다. 누군가 의도했든 하지 않았든 간에 그런 인공의 실제 안에서 사람들은 직접적으로 예술을 경험하기도 하지만 이상적인 관객인 관찰자를 통해 그 작품 안에서 확대되거나 변형이 가해진 의미와 상징을 다양하게 맛보기도 한다. 이러한 예술 객체와 사람 사이의 다양한 해석과 분석을 통해 예술가의 실존의 진정성과 그의 이야기가 관객에게 전이된다. 그런 이야기와 가치들은 예술 작품을 통해 이후의 세대들에게도 전해지고 제공되는 형태로 온전한 예술 작품이 된다. 예술은 이러한 다양한 조합으로 완성된다.

이승윤 장르를 포함하는 '실존 장르'의 존재론적 특징은 고뇌하는 인간이다. 이 중심적 이미지는 여러 종류의 해석을 통해 자아에 대한 위로와 낯선 존재를 맞이할 수 있는 용기를 제공한다. 예를 들면, 실제 삶에서 존재할 수 없는 무흠함의 규범은 실존의 경험에 의해 가볍게 철회된다. 그것은 기존 시스템이 가르쳐 온 구원의 원리가 무력하다 못해 오히려 고통을

양산하는 통로라고 하는 폭로다. 공고한 기존 체제가
제공하는 테두리 안에서 탁월함과 무능력은 비교되고
그로써 죄책감이라는 낙인은 효과를 발휘한다. 그러나
예술가의 실제 안에서 죄책이라는 낙인은 거부되고
오히려 자아를 탐색할 명분을 제공한다. 그리고 이로써
관습적으로 체제를 유지하기 위해 학습되거나 전수된
가치들을 극복하고 그로부터 자유로워질 수 있는 명분과
거룩한 상징을 얻게 된다. 예술가의 이야기와 그의
작품들 안에서, 그리고 그가 만들어 낸 실제 안에서
다른 사람들의 이야기가 가지고 있는 고통과 저항,
역전과 해방, 자유 등의 경험은 실존적으로 경험된다.
물론 비극은 사라지지 않는다. 그 대신 우리는 이 '실존
장르'를 통해 그러한 비극들을 더 차분히 살펴보고
직면하며 성찰할 수 있게 된다. 이러한 힘을 얻게
됨으로써 인간 존재는 홀로 설 수 있으므로 함께인
온전한 실존으로 빚어 가게 될 것이다.

　　나는 이런 장르적 특성과 팬덤이 지닌 특징을 종교적
우상숭배로 보지 않는다. '이승윤'은, 그리고 그와 비슷한
아티스트들은 하나의 프리즘과 같다. 그것은 그를
환대하거나 관찰하는 사람들에게 다양하게 해석될 수
있는 서사, 이미지, 신념, 상징 등을 공급한다. 그만의
독특하고 매력적인 성품으로 표현할 수 있는 인간
이승윤 자체가 하나의 예술 작품이라고 보는 편이

이해하기 쉬울지도 모르겠다. 그리고 앞서 말했듯, 이런 가치와 해석은 이승윤 개인으로 특정화되지 않는다. 이런 해석 틀은 사실 자신이 생각하는 그 어떤 예술가에게도 적용할 수 있다. 왜냐하면 이것은 인간이 가지고 있는 보편적 가치이기 때문이다. 그 숨겨진 의미를 발견할 수 있는 기회이자 선물의 하나로서 나는 '이승윤'이라는 음악인을 바라본다.

존재를 위한 노래 1: 시적 허용

이처럼 이승윤의 음악에는, 특히 이 노래 〈시적 허용〉 안에는 실존주의적 관점이 방법론처럼 자리하고 있다. 노래마다 약간의 차이는 있지만 이 노래에서 발견되는 특징들이 대부분의 작품에 녹아 있다. 소설가이자 철학자인 아이리스 머독 Iris Murdoch은 말하기를, "우리는 오직 우리가 보는 세상 안에서만 행동할 수 있다"고 했다. 이에 덧붙여 윤리학자인 스탠리 하우어위스 Stanley Hauerwas는, "보는 것은 우리 인생 계획 안에서 우리가 배워 오고 체화해 온 이야기들을 통해 형성된 존재의 종류에 의해 부분적으로 결정된다"고 말한다. 이런 철학적 성명을 이승윤과 같은 대중음악가들과 그들의 음악에 적용시킨다면, 노래 한 구절 한 문장들이 정확히 무엇을 가리키고 있는지, 어떤 사건을 말하고 있는지는 듣는 사람마다 다를 수 있다는 말로 해석할 수 있다. 각자의 삶 속에서 경험한 다른 많은 이야기들에 따라 달리 해석될 수 있다는 말이다. 그러나 여기서 분명한 것은, 존재 자체의 고요함도 실존하는 나의 삶 속에서 발견될 수 있는 것이다. 이것은 달리 말하면, 존재하기 때문에 삶의 한계를 알게 되고, 채 온전치 못한 실존의 다른 면, 존재하기를 부정하는 비존재 속에 자리한 삶에 관한 불안과 염려를 본능적으로 알 수 있다는 말이다. 각 사람은 이런 깊은 자아의 상실을 어찌 다룰지 몰라 초조하고 두려워하며 어느 순간 좌절로 인도된다.

그러나 노래라는 예술 안에서는 이야기가 다르다. 예술이라 한계 지어진, 동시에 무한한 틀 안에서는 나의 꿈들, 불안들, 염려들을 회피할 필요 없이 재해석하고 표현해 낼 수 있다. 그로써 존재를 부정하는 비존재에 남기어진 또는 웅크리고 있는, 결코 사라지지 않을 잠재된 위험들, 불안들, 생각들은 비록 예술 안에서지만 표현되고 실제가 된다. 그로써 그 예술 안에서 '나'라는 실제는 고요함 즉, 존재의 온전함을 이루는 균형을 경험하게 된다.

그러나 이러한 경험으로서 모든 것이 '진정으로' 완성된 것은 아니며 인간의 존재를 완전히 성취한 것도 아니다. 표현되었다고 해서 잠들어 있던 불안들이 영원히 사라진 것도 아니다. 삶은 여전히 살아가야만 한다. 사람들과의 관계와 헤쳐 나가야만 하는 일들은 여전히 그대로다. 실존은 끊임없이 현실 속에서, 투쟁 가운데로, 또는 긴장과 염려 가운데에 놓이게 된다. 실존주의 철학이, 무신론적 실존주의이든 유신론적 실존주의이든 이 긴장과 근심을 부정하지는 않는다. 오히려 이러한 잠재적인 염려의 가능성들로 인해 살아갈 이유를 발견하고 존재를 분투 가운데로 전진시킬 수 있게 된다.

시적 허용

고요를 깨지 않는 것보다
적절한 말을 몰라
그냥 입술을 뜯고만 있었던 거죠 그땐

시적 허용 속에서 부유하는
꿈들은 고요해
시적 허영 속에서만 살고 있는
마음은 불안해요

어수선한 밤거리엔
가야 한다고 새겼던 주소들이 없어요
소란한 내 일기장 속엔
새까만 새까만 구멍이 났어요

하이데거와 사르트르, 특히 사르트르로 대표되는
무신론적 실존주의에서는 이러한 삶의 한계, 즉 죽음을
존재의 의미 상실로 정의 내린다. 그것은 확실한
'끝'이지만 이러한 상실을 인식하는 것이 존재를 향한
긍정으로 연결된다. 왜냐하면 인간의 생 life이야말로
그 순간 가장 분명하고 확실한 긍정이기 때문이다.
반면 키르케고르, 틸리히 Paul Tillich로 대표되는 유신론적
실존주의에서는 자아 상실이라는 불안의 본질을 떠안고
용감히 긍정함으로써 보편적 생명 그 자체에 참여하게
된다. 개인의 특정한 것이라는 구별된 실존은 보편적
생명 또는 존재 그 자체에 참여함으로써 실존할 수 있는
힘을 갖게 되는 것이다.

　이처럼 실존하는 존재의 삶은 진보의 연속이다.
인간의 내부에서 일어나는 모든 신념과 생각, 외부로
표출되는 행위들을 모두 포함하여 이러한 진보는
이뤄진다. 주소들이 사라진 밤거리를 헤매듯 방황하거나
일기장 한 구석에 새까맣게 구멍이 날 정도로 상념에
잠기는 것조차 실존하기 위한 힘과 삶에 대한 용기와
불가분의 관계다. 존재의 의미는 살아 있음으로
성취된다. 이승윤의 노래가 시적인 허용 안에서
표출하는 존재의 한계는 불안 그 자체로 머물러 있지
않는다. 그 자신이 노래를 통해 자기 자신에게, 존재에게
요구하는 것, 그것은 좌절이 아닌 새로운 출발이다.

Part II. 존재의 의의, 그리고 구체화

존재를 위한 노래 2: 사형선고

이 노래 〈사형선고〉 안에서 시적 화자는 죽게 된다.
그것은 육신의 죽음이 아닌 몇몇 사람들의 마음속에서
받은 사형선고로 시작된다. 더 정확히 말하자면
사람들의 마음속에서 사형선고라는 재판을 받고, 그
안에서 정죄당하고, 그렇게 영혼이 죽게 되는 것을
표현한다. 이승윤은 이것을 다시 살아날 수 없는
죽음이라 일컫는다. 여기에 흥미로운 점 두 가지가
나타난다. 첫째, '나'는 시적 화자 본인과 타인의
마음속에 있는 '나'라는 두 사람으로 나뉘게 된다. 둘째,
누군가의 마음속에서 재판당해 죽은 나는 과연 누가
살릴 것인가라는 점이다. 사람들은 자신의 마음속에서
누군가를 죽이기도 살리기도 한다. 과연 확증편향[6]적
마녀사냥과 같은 재판 이후 그들의 마음속에서 진정한
의미로 다시 살아나는 사람은 과연 얼마나 있을 것인가?
　정죄와 죽음은 관계의 단절을 의미한다. 관계가
남아 있다면 상대방에 대한 판단은 시간이 지나면서
얼마든지 바뀔 여지가 있다. 그러나 때로는 그마저도,
그러한 노력마저도 조롱과 비웃음의 대상으로 만드는
사람들이 있다. 그들은 관계의 회복이나 인간성의 구원
따위에는 관심이 없는 것처럼 말하고 행동한다. 그들은
그저 누군가를 재판하고 화형대에 올려놓고 불을 붙여

만족감을 갖는 불의한 '마녀사냥'만을 원하는 것처럼
보인다. 그것은 한 '다른' 존재에 대한 부정이라는
점에서 그들 자신의 인간성의 상실을 가져온다.
인간성의 상실 또한 비존재의 발현일까? 맞다. 그러나
그것은 뒤틀리고 적법하지 않은 두려움으로의 발현이다.
그래서 그러한 인간성의 상실을 가져오는 사형선고는
선고자 자신을 병적인 히스테리에 갇히게 만드는 끔찍한
악순환을 가져오게 한다. 그들이 드는 축배의 잔은
사실은 독배인 셈이다.

그러나 동시에 사형선고를 당하고 죽게 되는 시적
화자는 그 죽음을 받아들임으로써 '생'life으로 나아가게
된다. 그는 자신의 부모로 상징되는 존재 근원에 대한
목적론적 가치를 성취하게 된다. 자신을 낳아 준
부모의 존재는 생명과 실존을 아우르는 상징이다. 그
상징으로부터 부여된 궁극의 성명은 '행복하라'이다.
그 행복은 때론 죽음과 함께한다는 화자의 냉소가 숨어
있다. 그러나 그러한 부정이 가져오는 결과가 다가오는
죽음을 위해 드는 잔이기도 하지만 그것은 죽기 때문에
행복해질 수 있다는 강한 자기 존재에 대한 긍정으로
나아가는 것과 같다. 이것은 마치 자신의 죽음을
끌어안으며 생을 향한 긍정으로 뛰어들었던 철학자
소크라테스를 떠올리게 한다. '내 죽음에 건배.' 누군가의
정죄와 마녀사냥에도 불구하고 결국 '죽을'만큼

행복해진 것은 죽음을 용기로 받아들임으로써 진정한 '나'로 거듭나는 '나' 자신이다.

　사형선고를 당했고, 죽었고, 부활하지 못했지만, '나'는 어찌 보면 미련하게 보일 수 있을 만큼 태연하고 우직하게 살아갈 것이다. 시적 화자 자신은 죽음이라는 슬픈 일을 겪지만, 자신을 정죄하고 판단하는 사람들이 벌인 일이란 사실 그들 자신이 존재에 대한 부정이 되어 버린 것뿐이다. 다시 말해서 살아 있으며 다른 '실존'에게 용납될 수 있고, 그럴 만한 가치가 있는 '나'를 부정하는 것은, 존재에 대한 긍정으로써 실존하는 것이 아닌 존재에 대한 부정을 발휘하는 것이다. 그들은 미처 생각하지 못했겠지만, '나'는 이렇게 당신들 마음속에서 죽고 부정당함으로써 오히려 이것을 이겨 내고 살아갈 힘을 얻게 되며 행복을 이룰 수 있게 되었다. 이것은 결국 존재가 실제로 존재하기 위한 용기를 가리킨다.

　이 용기를 구체화한 철인은 앞서도 말했듯 소크라테스다. 그가 독배를 들어 죽음을 선택한 용기는 그의 시대를 대표하던 사상가들의 생각과는 다른 성격의 것이었다. 고대 철학자들이 주장하던 용기라는 덕목은 귀족들만이 온전히 이룰 수 있는 덕목이었다. 용기란 고귀한 것으로서 사회와 국가를 위한 자기희생에 닿아 있고, 그 정점에 전쟁터에서 죽음을 불사하고 싸울 수 있는 군인의 용기가 으뜸으로 취급받았다. 그리고 오직 재력 있는 귀족들만이 무기와 각종 장갑 등을 구비할 수 있는 위대한 군인이 될 수 있었다. 이처럼 용기는 다분히 군사적 덕목이었기 때문에 필연적으로 파괴적 덕목일 수밖에 없었다. 중세 시대의 대표적인 철학자이자 신학자였던 토마스 아퀴나스Thomas Aquinas조차, "용기는 최고의 선에 도달하는 것을 위협하는 어떤 세력이든 정복할 수 있는 마음의 능력이다"라고 했지만, 그런 그 역시 가장 탁월한 예로 군인을 들만큼 용기는 군사적 덕목으로 꼽혀 왔다. 그러나 소크라테스는 달랐다. 자신을 긍정할 수 있기 때문에 죽음도 긍정할 수 있는 용기를 보여 주었다. 그의 용기의 발현을 통해서 과거 소수가 소유했을 영웅적인 용기의 전통적인 개념이 평범한 '인간' 자체에게 편만한, 온당하고 보편적인 덕목이라는 근본적인 인식의 변화를 가져왔다.

소크라테스적 용기는 절망까지도 긍정할 수 있는 지극히 개인적이고 실존적 용기다. 즉, 궁극의 자아, 그 핵심이 되는 본질적 '나'는 어떤 것에도 굴복하지 않는다. 심지어 육신의 죽음조차도 자기 긍정과 확신 안으로 끌어안아 담아낼 수 있는 능력이다. 이것이 후일 니체에게서는, 나 자신을 능가하는 실존으로서의 내가 되기 위한 부정으로 발전한다. 그것은 지금, 현재의 '나'로 만족하며 안주하려는 '나'에 대한 끊임없는

부정이다. 실존의 '나'는 진짜 생을 향한다. 그것이
용기라는 덕을 발휘할 때 얻게 되는 진정한 강함이고
옳음이다. 이 옳은 것을 위해서 비겁한 모든 것을
몰아낼 수 있어야 한다. 그렇기 때문에 마녀사냥을 통해
당한 불의하고 공평하지 못한 판결에 대해 재심조차도
요구하지 않는다. 그것이 용기다. 죽음은 비존재가
그 자체로 머무르지 않고 실제화된 존재에 포함되는,
긍정의 일부분으로서 이해되어야 한다. 그 후에야
죽음은 비존재의 부정으로서, 존재 그 자체의 힘에
참여하는 것으로 이해될 수 있다. '나는 행복할 것이다.
그럴 수 있다. 그것은 확신할 수 없는 미래의 일이지만,
저들의 유죄선고로 어느 정도 조건은 만들어졌다. 나는
이것을 환영할 것이다. 죽음으로서 열리는 실존의
가능성을 살아가는 내가 될 것이다.' 이런 다짐은 달리
말해 실존의 삶은 언제나 죽음의 위협에 노출되는 것을
의미하며, 그렇기 때문에 주변부라는 경계선에서 가장
극명하게 드러난다.

Part II.

1. 많은 비난과 비판을 감수하고서라도 가장 쉽게 이 '실존주의'에 대해 한 문장으로 설명해 보고자 한다. 실존주의란 이 실제 세계를 살아가는 한 인간 존재의 분명한 자기 인식에 토대를 둔 철학 사조로서 생각, 감정, 경험, 주장 등 삶의 모든 것들, 그리고 인지적으로 미처 경험되지 못하는 실제 세계 너머 또는 이전의 것들도 바로 이 자아의 실존으로부터 출발한다.

2. 다들 알다시피 이 워쇼스키 형제는 모두 성전환 수술을 통해 지금은 방송 등 여러 미디어로부터 워쇼스키 자매로 불리고 있다.

3. 1960년대 중반 발생한 음악적 장르이다. 마치 약에 취한 듯 몽환적인 분위기가 특징인데 당시 사이키델릭 음악에 심취한 초기 음악인들은 실제 마약에 취해 환각상태에서 음악을 만들고 연주하기도 했다고 한다. 반전(anti-war), 반체제적인 히피 문화와 연결되며 이러한 특징이 이후에 찾아오는 여러 락과 헤비메탈 등의 음악과 하위문화에 영향을 주었다.

4. Paul Tillich, *The Courage To Be* (New Haven: Yale University Press, 2000).

5. Iris Murdoch, *Metaphysics As a Guide to Morals* (New York: The Penguin Press, 1992), 3.

6. 한 사람이 무엇 또는 누군가에 대해 가지고 있는 본인의 어떤 생각이나 느낌, 명제 등에 있어서 그러한 생각이나 주장이 옳다는 것을 증명하거나 뒷받침하기 위해 관련 사실들을 선택적으로 혹은 왜곡하여 편집한 후 받아들이는 태도나 그러한 경향을 의미한다. 쉽게 말하자면 '자신이 믿고 싶은 것'만 믿고 '듣고 싶은 것'만 듣는 행태를 말한다.

Part III.
경계선

Chapter 1.
경계선과 개인

새로운 대안

음악인 이승윤의 인기를 통해 우리가 볼 수 있는 것은
경계선 너머 새로운 진보로 나아가는 인간 존재의
희망에 대한 사람들의 기대와 바람이다. 그는 자신이
경계선에 서 있다고 했다. 물론 그 의미를 음악적
영역으로 한정 지어 말하는 듯했다. 그러나 조금 더
자세히 그의 말을 살펴보면 비단 음악뿐만이 아니라
자신의 삶이 그러했다고 말하는 순간들을 발견할
수 있다. 〈내 마음에 주단을 깔고〉 무대 공연 후
인터뷰에서 그는 본인 인생에서 칭찬을 받아들인다는

것이 굉장히 쉽지 않은 영역이라고 털어놓듯이 말한다. 자신은 '자신의 깜냥을 잘 알고 있다', '이거 이상으로 욕심부리지 말아라'라고 생각하면서 항상 살아왔다는 말은 조금 충격적이었다. 본인 스스로 그렇게 다짐을 해야만 했던 인생의 이야기가 있을 것이다. 그러나 이것은 오로지 이승윤 한 사람에게만 해당되는 말은 아니라고 생각한다. 요즘 자라나는 세대들은 어떤지 모르겠지만 적어도 나를 포함하는 청장년층들에게는 공유되는 부분이 많을 것 같다. 모난 돌이 정 맞는 사회에서 우리 모두 서로서로 몸조심, 입조심하며 살아야 했고 그렇게 배웠고 자랐다. 그런 점에서 그가 인터뷰 말미에 한 말, "어쩌면 내 그릇이 조금 더 클 수도 있겠구나"라는 말 또한 우리 각자 자신에게 해주고 싶은 말이기도 하다. 어쩌면 당신의 그릇은 당신이 생각하는 것보다 조금 더 넓고, 깊고, 아름답지 않을까?

그래서인지 음악인 이승윤은 이 경계선에 대한 자신만의 명확한 이해를 가지고 있는 듯하다. 자신이 하고 있는 음악이 '이도 저도 아닌 것 같다', '이것도 잘하지 못하고, 저것도 잘하지 못한다'라고 얘기했다. 예를 들어, 한 분야나 장르를 원으로 그린 후 그 가장자리에 점을 찍어 보자. 그리고 또 다른 장르의 원을 그리되 두 원의 가장자리가 만나게 하자. 한 원의 가장자리와 다른 원의 가장자리가 만나는 그

점에 경계선이 그려진다. 마치 한 나라와 다른 나라의 국경선처럼 말이다. 이승윤 본인은 그렇게 각 장르의 원이 만나는 경계선에 위치해 있다고 말했다. 그는 경계들이 만나는 그곳이 자신의 자리일 뿐만 아니라 자신이 살아남을 수 있는 자리라는 것을 본능적으로 알고 있는 듯하다. 그래서 자신이 선 자리가 중심이 되어 가고 고착화되어 가는 것을 지양하고 언제나 경계선 너머로 향한다. 그 길 또는 방향은 단순히 옳고 그름의 문제가 아니다. 그것은 생존의 문제다. 경계선에서 중심을 꿈꾸는 것이 안정을 추구하고자 하는 인간의 불안으로부터 기인한 당연한 욕구일 텐데 그는 중앙과 경계의 대결보다는 오히려 새로운 대안을 모색한다는 데에 특이점이 있다.

음악과 경계선

이승윤이 말한 경계선이라는 용어는 사회과학 분야에서 주변부를 다룰 때 사용되는 꽤 중요한 개념이다. 인문 사회학에서는 이런 경계선적 위치를 주변부marginality라는 용어로 부르며 주변화된 사람들the marginalized의 삶을 포함시킨다. 특히 이와 관련된 기존 이론들을 서구 백인 남성 중심 사상에서 비롯되었다고 주장하며 그에

대한 반동으로 태동한 '탈식민주의'post-colonialism 또는
'탈식민주의적 여성주의'post-colonial feminism에서는 더욱 그
정도가 강하다. 기존 주류사회를 규범화한 전통적 서구,
특히 백인 남성들은 대체로 이 주변화된 사람들에게
'에이전시'agency라고 하는 '주체성'이 결여되어 있다고
상정한다는 것이 이들의 주장이다. 그것이 사실인지
아닌지, 또는 관련된 학문적 담론을 이끌어 가려는 것은
아니다. 다만, 그 어느 쪽이 되었든 이 경계liminality의
위치나 상태는 굉장히 뜨거운 논쟁거리라는 점이고
그 구체적인 표현을 다른 어디서도 아닌 음악 경연
프로그램의 참가자가 언급했다는 점이 나쁘만 아니라
많은 사람들의 관심을 끌었다. 특히 경쟁에서 낙오된
사람들이 살아가기 쉽지 않은 한국 사회에서 이
주변화된 사람들의 성공 이야기는 학문적 입장과는
상관없이 사람들의 관심을 이끌어 내기에 충분한 의미를
가지고 있다. 음악인 이승윤이 말하는 경계선의 이야기
또한 이런 담론과 무관하다고 할 수 없다. 그가 딛고
서 있는 음악 산업에서 비주류인 경계인이 주류인들이
독점하는 대중의 관심과 인기를 얻기란 하늘에서 별을
따는 것만큼이나 어려운 일이기 때문이다.

이승윤은 바로 이런 불가능에 가까운 주변부로부터
탄생한 성공 이야기다. 더 흥미로운 사실은, 그가 기존
시스템의 주류로 들어왔다고 하기보다는 그 자신이 기존

원의 중심으로 순응하거나 타협하려는 자세를 지양하고
자신만의 주체성을 발현하면서 자신만의 장르를 만들어
내고 자신만의 원을 형성했다는 점이다. 자신이 선 곳,
원과 원이 만나는 경계선에서 새로운 중심이 되었다.
다른 주변화된 사람들을 대변할 수 있다는 그의 발언과
생각, 그리고 "존재의 의의를 구체화하겠다"는 다짐이
이를 뒷받침한다. 자신만의 장르, 즉 '30호 장르' 또는
'이승윤 장르'라는 것을 사람들에게 각인시켰다. 한편,
기존의 원의 중심과 가장자리 사이에 위치한 수많은
주변부적 사람들은 새로운 원과 그로 발생한 뒤바뀐
역학관계를 목도하는 증인으로서 그것을 직간접적으로
경험하며 희망을 얻게 된다. '이승윤 장르' 또는 그의
실존을 경험하고 자신만의 실존을 발현하며 사는
것에 대한 동일한 소망을 마음에 품는 것이다. 그의
노래 〈게인주의〉Gainism를 들어 보면 이 해석은 더욱
명확해진다. 한 명 한 명이 모두 작은 우주이고, 이
우주의 일부분이라는 이 노랫말은 철학자 플라톤Plato의
'이데아', 또는 철학자 헤겔G.W.F. Hegel의 '절대 정신'을
생각나게 한다.[1] 그러나 이들 둘보다 더 인간 존재의
실존과 연결된다는 점에서 철학자 셸링F.W.J. Schelling의
'절대 자아'Absolute Identity에, 그리고 앞서 말한 철학자
니체의 '초인'사상에 가깝다고 볼 수 있다.

  그래서인지 이승윤의 노랫말들을 철학에 비교하는

사람들이 많았고, 특히 이미 앞서 말한 것처럼 그에게서 고(故) 신해철의 모습을 찾으려는 사람들도 많았다. 신해철은 실제로 철학을 공부한 철학도이니 아예 관련이 없다고는 할 수 없다. 그의 여러 인터뷰 중 그의 철학자다운 통찰은 '신해철이 가장 신해철스러웠던 그날의 기억'이라는, 일명 "10대는 문제없습니다"라는 인터뷰에 잘 담겨 있다. 이 인터뷰에서 신해철은 당시 대중음악 산업의 허점을 신랄하게 비판하면서 일반 대중들 가운데에서 누구나 음악가가 될 수 있는 것을 진정 대중음악의 특징으로 꼽는다. 그리고 겉모습의 어떠함과는 상관없이 "자기가 할 얘기가 있으면 삶의 이야기를 음악에 담으면 그것이 바로 스타가 되는, 이런 시장이 형성되어야 하는데…"라며 한국 대중음악의 나아가야 할 방향을 짧지만 강력하게 제시하고 있다. 그는 또 "음악 엔터테인먼트 권력이 생산 수단을 장악"하는 것에 대해서도 꼬집었다. 우리가 아는 소수의 대형 기획사가 시장을 장악해 왔고 근래에 들어서야 조금씩 그 변화의 조짐이 보이고 있을 정도이니 그의 지적과 통찰이 옳았다는 것을 알 수 있다. 그는 마지막으로 "모든 대중이 스스로 음악을 만들 수 있는 권리와 음악을 향유할 수 있는 자신들의 천부적인 행복추구권과 이것들을 시스템 개혁을 통해 돌려줘야만 우리의 삶의 질이 급속도로 원래의 자리로 돌아올 수

있다"고 일갈하며 국가 경제 규모와 국민총생산 등이
발전했고 선진국 대열에 들어섰다고는 하지만 여전히
평범한 시민들의 삶의 질은 하나도 바뀌지 않았음을
강조했다. 바로 2005년 당시 이 인터뷰에서 언급된
"이 나라에서 유일하게 적극적으로 자신들이 좋아하는
음악에 대한 의견을 피력하는 집단"인 10대 중 한 명,
그 '아무 문제없다'던 10대들 중 한 사람이 자라 음악인
이승윤이 된 것이다. 회사에서 기획해서 선별하고
만들어서 상품화된 연예인이 아니라, 누구나 음악을
만들고 즐길 수 있는 예시의 전형이, 신해철이 꿈꾸고
그리던 그런 현대를 살아가는 대중에게서 꽃핀 그
대중음악가가 바로 이승윤과 같은 아티스트들이 아닐까
생각했다.

그래서 사람들은 그를 보면서 마왕 신해철을 더
그리워하고 그의 이른 떠남을 더 안타까워하는 것일지도
모른다. 그가 그렇게 통찰했던 그 대중음악가가 눈앞에
나타났다면 과연 그는 어떤 반응을, 또 어떤 연대를
해줬을지 너무 궁금하고 기대되기 때문이다. 그렇다.
신해철은 대중음악을 소비하고 사랑하고, 거기에 빠져
살아가던 사람들이 그들만의 세상 속에서 함께하던
영웅들 중 한 명이었다. 시대의 아이콘이었던 그의 이른
떠남은 많은 사람들에게 큰 상실과 결핍, 그리고 허무를
남겼다. 전 세대를 아우르지는 못했을지 몰라도, 눌리고

소외받는 이들을 기리며 그들과 함께 앞서 음악으로
시대를 헤쳐 나갔던 예술가 한 명이 사라졌다. 그의
절망에 대한 깊은 고뇌와 통찰, 삶의 비극과 허무를
뒤흔드는 존재의 열정을 우리는 잃고 만 것이다. 그로써
우리는 지극히 인간다운 희망과 삶을 향한 노래의
결핍을 경험한다.

　그 누가 이 시대의 아픈 영혼을 위해 노래하고 그 삶을
위한 노래를 지어 불러주고 있는가? 저마다 각자도생의
길에 오르고 있을 뿐, 과연 그 누가 우는 이들과 함께
울고 있으며, 소외되고 주변화된 이들의 작은 성공에
자기 일처럼 크게 기뻐하며 환영하고 함께하기를
원하는가? '이승윤 장르'의 경계선적 특징은 바로 이
지점에 자리하고 있다.

경계선과 음악 I: 파편

노래가 시작하면 돌변하는 눈빛과 표정, 블루지하고
사이키델릭한 이승윤의 노래를 듣고 있노라면 내게는
사실 누군가 계속 떠오르는 한 사람이 있다. 바로 역사상
가장 위대한 밴드로 꼽히는 락과 헤비메탈 음악의
시조격인 영국 락 밴드 레드 제플린의 보컬리스트인
로버트 플랜트Robert Plant다. 물론 보는 사람에 따라 너무

150

과한 해석 아니냐고 반문할 수 있다. 락을 좋아하지 않는 사람들도 있을 테고, 자신이 좋아하는 가수를 다른 누군가와 비교하는 것 자체를 싫어할 수 있다. 나 역시 사람으로서 로버트 플랜트를 좋아하는 건 아니다. 다만 개인적으로는 그 몽환적이면서도 허스키한 목소리, 그리고 뿜어져 나오는 아우라는 플랜트의 그것과 너무 흡사하다. 팬심이라 그럴지도 모르겠지만, 그를 플랜트에 대입하면 지금의 인기가 어느 정도 납득은 가는 상황이기도 하고 사실 앞으로 더 기대가 되는 것이 솔직한 마음이다.

내가 이승윤을 보며 로버트 플랜트나 영국식 락 음악의 특징들, 또는 국내 대중 가수들의 특징을 떠올리는 건 어찌 보면 당연한 일인지도 모른다. 표절이나 모방을 얘기하는 것이 아니다. 이미 말했듯이, 음악은 그 자체로서, 그리고 각 장르마다 여러 아티스트들의 삶과 이야기가 녹아 있는 방대한 개인들의 이야기와 전통, 그리고 공동체의 혼합물과 같다. 지금 현재의 가수나 음악가는 어느 날 갑자기 하늘에서 떨어진 것이 아니라 자신이 좋아하는 아티스트들의 음악을 듣고 자란 평범한 사람들이다. 그들이 받은 영향을 그들 스스로 인식하는 것과는 무관한 일일 수도 있다. 이승윤 자신의 음악은 가수 이적의 파편이라는 말이, 그가 다른 가수나 아티스트들의 음악은 전혀

151

듣지 않거나 좋아하지 않는다는 말은 아니기 때문이다. 그러나 이승윤의 말처럼 자신의 음악적 정체성과 감성을 형성하는 데 크게 영향을 끼친 원천을 구체적으로 말하는 것에 수긍한다. 그것은 그만큼 자기 자신을 객관적으로 바라본다는 이야기, 즉 자각을 통한 성숙의 길로 가고 있다는 이야기일 수 있기 때문이다. 그리고 인간의 성숙은 그렇게 자신의 테두리를 둘러보고 그 한계를 알면서도 자신을 긍정할 수 있는 자세에서 시작한다. 거기엔 그 울타리 너머를 탐험하든 하지 않든 상관없이 자기 자신을 샅샅이 알아가고자 하는 용기가 필요하다. 그것이야말로 인간으로서의 성장과 성숙을 가능하게 하는 첫걸음일지도 모른다.

'파편'이 되는 근원 또한 다른 누군가 혹은 무언가의 파편이라고 생각한다면 우리 모두는 누군가의 파편이 되기도 하고 누군가의 근원이 되기도 하는 것이 아닐까? 마치 강물처럼 흐르고 또 흘러 때로는 다시 조그만 지류로 흐르기도 하고 결국엔 종착지인 바다로 흘러 나가기도 한다. 그리고 그 언젠간 다시 비가 되어 험준한 산기슭 어딘가에 뿌려지고 다시 기나긴 여정은 시작될지도 모른다. 음악인 이승윤이 이적의 파편이라면, 아마도 나는 음악인 이승환의 파편 정도가 아닐까 하는 생각이 들었다. 물론 내가 음악가가 아니기 때문에 음악적 영향을 논할 수는 없겠지만, 적어도 지금의 내

감성을 형성하는 데 지대한 영향을 끼친 아티스트들로는
이승환, 오태호, 윤상, 유희열, 윤종신 등 90년대를
아름답게 수놓았던, 그리고 지금도 그 길을 걸어가고
있는 사람들이 있다.

　잘 알고 있다. 가수 이승환은 그의 음악적 변천사와는
거의 무관하게 그가 발 딛고 선 정치적 진영의 특징과
정치적인 발언으로 인해 호불호가 극단적으로 갈리는
인물이다. 이런 극명한 팬덤과 안티팬덤을 불러오는
그의 정치적인 이미지 때문에 이승윤처럼 떠오르는
스타와 비교하기를 원치 않는 팬들이 있을 수 있다.
'이승윤은 이승윤일 뿐'이다. 맞다. 그를 누군가의 팬덤에
편승시키고자 함도 아니고 그 반대 의도는 더더욱
아니다. 단지, 오래전부터 이승환은 자신을 '경계선적
인물'이라고 소개해 왔기 때문에, 어느 날 갑자기
찾아온 이승윤의 등장과 그의 '경계선'이라는 발언을
이해하는 데 도움이 되지 않을까 하는 생각으로 이런
비교 아닌 비교를 하게 됐다. 이미 언급했던 유희열과
윤종신 등은 이미 이승윤과 방송을 통한 접촉점이 있는
아티스트들이다. 그리고 당연히 이적도 그 가운데 있다.
그러고 보면 이승환과 이승윤, 별로 공통점이 없을 것만
같은 둘 사이에도 이런 소소한 듯 보이지만 그들에게는
꽤 중요할지 모를 인간적 관계들로 채워지고 연결되어
있는 걸 볼 수 있다. 이제는 두말하면 입 아픈, '이적의

파편'임과 동시에 단 한 번이긴 했지만 이승환의 이름도 자신의 음악적 본류에 포함된다고 언급하기도 했다.

사실 지금을 살고 앞으로를 살아가야 할 텐데 아무려면 어떤가? 하지만 그 누구보다 삶을 뜨겁고 열정적으로 살아가는 사람들이 바로 경계선적인 삶을 살아가는 사람들이다. 이승윤에 앞서 자신을 경계선에 선 사람이라고 하는 음악가가 있다면 그에 대해 알아보는 것도 의미가 있을 거라 생각한다. 경계선적 인물에 대한 정의는 다양할 수 있다. 개인적으로 나는 경계선적 인물을 정의 내림에 있어 돈의 많고 적음 또는 대중의 인기 여부는 부수적인 것들로 본다. 물론 사회 주류를 이루는 정치적 문화적 언론 매체의 긍정적 조명과 지지를 받는 경계인은 거의 없는 것은 사실이긴 하다. 그래서 주로 정치, 문화, 사회적 공간에서 대중들에게 받는 사랑과 관심에 비해 주류 사회와 언론의 조명으로부터 제외되는 사람들이 다수 포함되긴 한 것이 현실이다. 신해철의 말처럼, 대중가요는 그 음악을 소비하고 즐기는 대중들 사이에서 음악적 스타를 배출해야 함에도 불구하고 실제로는 소수의 연애 기획사와 방송사 등 기득권을 가진 업계의 이익 당사자들에게 좌지우지되어 왔다는 것이 그 예라고 하면 과한 해석일까? 이제는 어느 정도 나아졌는지 모르지만, 과거 실제로 연예인들이 업계

관계자들로부터 무리한 요구를 받아왔다는 것은 더
이상 비밀도 아니다. 이승환도 초기 활동부터 그러한
경험을 했고, 일명 '촌지' 같은 뒷돈을 요구하는
방송국 프로듀서를 경험했다고 고백한 적이 있다. 그에
불응하면서 불가능해진 방송 출연 대신, 적극적으로
공연하는 가수의 길을 택했다고 했다. 덕분에(?)
이승환은 그로부터 데뷔 30년이 되던 2019년 자신의
'빠데이 콘서트'에서 아흔세 곡의 노래를 부르며 장장
9시간 30분 30초로 국내 단독 콘서트 최장시간 기록을
세우기에 이른다.

**경계선적 인간은, 앞서 언급했듯이 다른 존재,
인간과 심지어 동물과 자연까지 모두 포함하여 모든
살아 있는 것, 존재하는 것, 그리고 어떤 면에서
죽어가는 것에 참여하고 관심을 갖는 것을 말한다.** 한
방송사와의 인터뷰에서 이승환은 '음악과 삶은 닿아
있다'는 자신만의 생각을 나누며 '음악인은 세상과 함께
아파해야 함을 의미한다'고 정의 내리기도 했다. 2019년
5월 기준으로만 봤을 때 이승환은 19년째 공연기부금만
무려 10억 원이 넘는다고 한다. 한국백혈병어린이재단에
따르면 가수 이승환은 2001년부터 2019년까지 국내
최장수 자선공연 '차카게 살자'를 통해 총 10억이
넘는 금액을 기부했다. 이승환의 팬들도 2014년부터
단체 기부에 동참해 오고 있는데 그 가수에 그 팬다운

행보를 보여 주고 있는 것 같다. 이승환과 그의 팬들의 기부 활동은 적극적인 아티스트와 팬들 사이의 연대의 표본처럼 자리하고 있다고 해도 과언이 아닐 것이다. 또한 이승환은 공연 수익금 대부분을 음악과 공연에 재투자하는 것으로 유명하다. 이를 통해서 한국 공연계 및 녹음계 산업 전반의 발전과 인식 개선에 앞장서고 있는데 여기에는 인디밴드 지원 프로그램도 포함되어 있다. 업계 종사자에 따르면 인디밴드 대부분이 음악만으로 생활을 해 나가기 힘든 여건 속에서 "후배들에게 돈 쓰는 사람은 이승환 형님뿐이다"라고 하니 그 행보가 보여 주기 식만은 아닌 듯하다. 이승환은 가능한 기회가 생길 때마다 후배들을 소개해 주거나 그가 공연장 대관을 하면 후배들이 공연하고 후배들이 수익금을 가져가는 정도였다고 한다.

물론 이승환과 이승윤을 어떤 잣대로 비교하거나 평가하는 것은 무리가 있다. 이승윤은 사실 짧다고 할 수 없는 기간 동안 일명 '방구석 음악인'으로서 작품 활동을 해왔고, 거리 공연 등을 해왔다. 그럼에도 불구하고 신인과 다름없이 이제 막 이름을 알리고 있고, 여러 방송에 출연하고 있는 상황이기 때문에 이승환과의 비교는 당연히 적절해 보이지 않을 수도 있다. 그러나 그의 지금까지 행보를 보면 이승환과 그리 결이 다르지 않음을 알 수 있다. 인디씬 출신이라는 점뿐만

아니라 경연에서 주목받지 못한 참가자들에게 관심이
돌려지도록 그들을 조명하는 일, 그리고 특히 '72호'
가수들이라고 할 수 있는, 특히 인디씬의 무명 가수들을
위해 열심히 주단을 깔아 주는 모습들 말이다. 그의
팬클럽 또한 다양한 기부 활동의 모습을 보이고 있는데,
이런 모습이 미래에도 아름다운 연대의 모습으로
이어지기를 소망해 본다.

　무엇보다도 두 가수의 이러한 특징은 '울고 있는
사람들과 함께'라는 공통된 철학과 이런 마음으로
만들어진 그들의 작품에도 닿아 있다. 이승환은
〈10억 광년의 신호〉라는 곡을, 이승윤은 〈기도보다
아프게〉라는 곡을 만들었다. 4월은 참 많은 일들이
일어난 달이다. 누군가에게 4월은 영화 〈4월
이야기〉처럼 아름다운 벚꽃이 바람에 흩날리며 첫사랑의
설렘이 꽃피우는 달이기도 한 반면, 누군가에게는
독재정권의 총탄에 스러져간 4.19의 영웅들을 기리는
달이기도, 또 누군가에게는 존재 자체에서 지워 버리고
싶은, 영원한 망각을 소망하는 달이기도 하다. 우리에겐
연인 간의 사랑을 노래하는 음악들도 필요하다.
사랑하는 사람들 사이의 일들이 결코 다른 사회적인
일들보다 덜 중요하지 않다. 모두가 시대적 아픔과
역사적 사건을 노래할 필요는 없다. 하지만 우리는
모두 자신의 의지와는 상관없이 닥쳐온 시대적 환경

속에 살아간다. 그 속에서 각자가 생각하는 의미 있는 삶을 살아가기 위한 싸움을 하고 있다. 시대와 역사를 살아가는 개인이라면, 진정으로 자기 자신의 존재를 소중히 생각하는 사람이라면 다른 인간 존재와의 연결을 간과해서는 안 되며, 다른 사람의 아픔을 지나치거나 조롱해서는 안 될 것이다. 하지만 안타깝게도 우리는 스마트폰을 통해서 지구 곳곳에서 일어나고 있는 가슴 아픈 일들을 실시간으로 접하고 있음에도 불구하고, 오히려 역설적으로 그러한 통증에 무감각해져 버린 것은 아닐까? 우리는 아파 울고 있는 사람 옆에서 함께 울어 주지 않는 것이 당연한 듯 여겨지는 시대에 살고 있다. 그것은 '나'의 일과 '남'의 일이라는 구분을 지어 놓고 그 경계선을 넘으면 자신의 무엇인가를 손해 보는 것이라 여기는 바보 같은 행동이 되어 버렸다.

나는 자신의 의견을 숨기거나 판단을 유보하는 것이 경계선에 서는 것이라고 생각하지 않는다. 경계선은 지극히 사회 체제와 규범에 대한 사회과학적 담론이지만, 동시에 지극히 개인적이고 주관적인, 인간적인 주제이기도 하다. 그렇기 때문에 그 개인이 처한 상황에 좌우되는 점이 크다는 특징이 있고, 그렇기 때문에 그 상황에 휩쓸리지 않을 명확하고 주체적인 자기 판단과 결정이 필요하다. 그것은 예술을 통해 대중과 소통하는 예술가들에게는 예술적 표현으로 드러나게 되지만 그것이 공공의 광장에서 일어나는 일이기 때문에 가끔 예기치 못한 방향과 사회적 의미로 해석되어 사람들의 억눌린 한이 해소되고 해방되는 데 도구로써 사용되기도 한다. 그리고 그것은 당연히 의도치 않게, 하지만 필연적으로 어떤 적을 만들거나 여러 금전적, 사회적 손실을 가져오는 행위가 되기도 한다. 그래서 경계선이라는 개념은 가수와 같은 대중 예술가에게는 굉장히 치명적인 약점 또는 흠으로 보여질 수 있다.

다시 말하지만, 지금의 내 감성을 형성하는 데 지대한 공로를 한 것은 단연 음악인 이승환이다. 그러고 보면 작곡가 오태호의 영향도 빼놓을 순 없겠지만, 음악가 한동준의 말로 대신하자면, 고(故) 김광석이 부른 노래 〈사랑했지만〉은 한동준 자신이 만들었음에도 〈사랑했지만〉을 비롯해 김광석이 부른 곡들은 누가 만들었냐가 별로 중요하지 않고 김광석이 불렀기 때문에 사람들에게 사랑받은 것이라고 말했다. 그것이 김광석이라는 가수가 가진 힘일 것이다. 모든 노래를 자신의 노래로 바꾸는 능력 말이다. 김광석, 이승윤 모두 그런 힘을 가지고 있다. 다시 경계선으로 돌아와 얘기하자면, 오히려 그런 극명하게 나뉘는 관심이야말로 경계선적 인물들의 특징이지 않을까? 그 어디에서든 자신의 소신에 따른 말과 행동을 하고 자신만의 독특한 음악 세계를 추구하며 그럴 자유를 원한다는 것은, 모든 사람의 사랑을 받는 것과는 거리가 멀다. 물론 팬의 한 사람으로서 이승윤을 사랑하는 사람들이 더 많아지기를 바라지만, 그 위대한 비틀즈조차 모두에게 사랑받지는 못했다.

음악인 이승환은 오랜 기부활동과 선행으로도 많이 알려져 있기도 하지만, 이전부터 '어린 왕자', '무적전설' 등 다양한 수식어로 불리거나 묘사되어 왔다. 음악적인 측면에서 볼 때 90년대를 살아 냈던 사람들 중 이승환의 음악을, 특히 그의 1집부터 6집에 실린 여러 명곡들 중 한두 곡 정도 들어 보지 못한 사람은 거의 없을 것이다. 지금은 그의 뚜렷한 '음악적 특징'으로 인해 많은 사람들이 그의 락적인 성향을 알고 있지만, 그의 활동 초기만 하더라도 그를 발라드 가수 정도로만 알고 있는 사람들이 많았다. 이승환은 대학교 시절부터 '아카시아', '셀프서비스' 등의 헤비메탈 밴드를 결성해서 음악활동을 시작했다. 그러나 헤비메탈씬에선 그렇게 임팩트가 있지는 않았다는 것이 정설이다. 나는 팬으로서 그의 역량의 문제라기보다는, 자신이 좋아하는 음악과 자신만의 타고난 음색의 다름에서 오는 차이였지 않았을까 생각한다. 그러던 중 오태호와 함께 파고다 언더그라운드의 여러 밴드를 거치면서 실력을 키웠고, 1989년 〈b.c.603〉이라는 발라드 곡 위주의 1집을 발표하며 혜성처럼 한국 대중 음악계에 데뷔하게 된다. 그러나 이 1집도 80년대를 대표하던 서정적인 발라드 곡들과는 달리 락 음악적인 요소와 창법이 가미된 음반으로 평가된다. 하드락 계열의 보컬로는 자신의 음색에 어떤 한계를 느낀 것인지 모르겠지만, 이때부터 이승환은 발라드와 락 사이의 미묘한 줄타기를 시작하게 된다.

이런 장르적 경계에서 새롭게 자신만의 장르를 만들어 내는 능력이 이승윤과 닮은 점이다. 물론 이승윤의 독특한 음악적 해석과 장르를 넘나드는 표현 능력은 가수 이적의 모습과 많이 닮아 있기도 하다. 그리고 나는 그의 음악들 안에서 전형적인 락 음악의 특징뿐만 아니라 여러 한국 대중음악이라는 영역에서 활동해 온 아티스트들의 발자취를 느끼기도 한다. 예를 들면, 윤종신의 음악에서 발견할 수 있는 일상의 다양한 주제와 닿아 있는 음악적 표현, 유희열의 음악이 담고 있는 인간의 감정에 대한 성찰 등 수많은 한국 대중 음악가들의 색깔들을 발견하게 된다. 이런 다양한 음악적 경험과 장르들이 하나로 혼합된다는 점에서 이승윤의 음악은 이승환의 음악과 닮았다. 그보다는 장르적 혼합과 실험적 시도에 있어서 비슷한 질감이 느껴지는 부분이 있다고 말하는 편이 더 정확한 표현일 수도 있겠다. 다만 경계선에 선 사람임을 자처하며 자신만의 음악 활동을 멈춤 없이 펼쳐 가는 이승환처럼, 앞으로 긴 시간 자신이 하고 싶은 음악 세계를 펼쳐 나가는, 또 다른 경계선적 음악인 이승윤이 되기를 바랄 뿐이다.

경계선과 음악 II: BTS와 이승윤

봉준호 감독의 영화 〈기생충〉이 전 세계 영화 팬들과 평론가들, 급기야는 아카데미 시상식에서 오스카상까지 거머쥔 2020년에 이어 2021년은 그룹 방탄소년단BTS이 그래미 후보에 올랐다. 또 영화 〈미나리〉가 다시 한 번 세계 영화 팬들의 주목을 받으며 배우 윤여정이 한국인으로는 최초로, 아시아인으로는 두 번째로 아카데미 여우조연상을 수상하기에 이른다. 물론 BTS조차도 배타적이고 차별적인 그래미의 벽을 넘지는 못했지만, 오히려 그 점이 BTS의 역량 부족이 아닌 명명백백하게 그래미의 민낯을 드러내게 된 사건으로 부각되었다. 한국 문화 예술 작품들이 전 세계 사람들에게 대중문화의 하나로서 본격적으로 소비되고 있는 낯선 미래가 지금 세계와 우리들 눈앞에 펼쳐지고 있다. 동시에 경연 무대에서 BTS의 노래 〈소우주〉를 불렀던 이승윤을 바라보는 팬들도, 그가 BTS처럼 큰 인기와 사랑을 받는 아티스트로 알려지기를 바라는 마음이 크리라 생각한다.

세계 최고 팝 그룹으로 우뚝 선 BTS와 '존재가 곧 장르'라는 독보적인 색깔로 자리 잡고 있는 이승윤은 사실 그리 닮은 점이 많지는 않아 보인다. BTS가 연예기획사에서 준비하고 만들어진 일명 아이돌 그룹이라는 점은 '방구석 음악인' 이승윤과 근본적으로 다를 수밖에 없음을 내포하고 있다. 그리고 그 시작만큼이나 추구하는 음악도 다르다. 나는 비록 음악 전공자는 아니지만 그래도 BTS의 거의 전 곡을 그들이 월드스타 반열에 오르기 직전인 2015년 초기부터 꾸준히 들어온 팬의 한 사람으로서 그들의 음악이 주로 해외 팝 음악과 흐름을 같이한다는 정도는 별 망설임 없이 말할 수 있을 것 같다. 전 세계 수많은 아티스트들로부터 곡을 받기도 하기 때문에 어찌 보면 당연한 특징인지도 모른다. 멤버들 중에 랩을 주로 담당하는 남준RM, 호석J-Hope, 윤기Suga의 영향에서인지 힙합적인 요소도 많은 비중을 차지하기도 한다. 멤버의 다양성으로 인해 아우를 수 있는 장르적 범위가 굉장히 넓은 것이 BTS의 특징이다. 내가 살고 있는 캐나다 토론토 시에 있는 커피숍이나 레스토랑에서 BTS의 한국어 노래를 듣게 되는 경험을 종종하게 된다. 신기한 것은 그들의 한국어로 된 노래가 다른 최신 북미 팝

163

음악들 사이에서 하나도 이질감이 느껴지질 않는다는 점이다. 젊은 캐나다 사람들도 라디오 방송을 통해 흘러나오는 BTS의 한국어와 영어 노래를 흥얼거리는 기현상(?)은 내게는 정말 신세계가 아닐 수 없다. 그에 비해 가수 이승윤의 음악은 역시 락을 기본 베이스로 한다. 그래서인지 음악 자체가 직선적이고 정직하다. 물론 가사를 통한 비유와 상징은 '직선'적이라는 말과 거리감이 있지만 그 비유와 상징이 담고 있는 '말'은 비겁하게 돌려 하지 않는다. 명징한 대비를 통해 본인이 의도한 바를 가능한 솔직하게 전달하는데, 일례로 노래 〈빗 속에서〉라는 느린 템포의 곡조차 완곡한 표현 없이 직선적인 느낌이 강하게 묻어난다.

가장 확연히 다른 점이라면 BTS가 초기부터 K팝과 한류라는 플랫폼을 이용할 수 있었기 때문에 해외 팬들도 쉽게 접근할 수 있었다는 점이다. BTS의 음악은 가사가 자기 긍정과 내적 성찰의 의미를 담고 있지만, 한국어가 서툴거나 낯선 다른 언어권 사람들이 번역을 해서 이해하기에도 어렵지 않은, 비교적 쉽고 단순한 표현들로 이뤄져 있다. 이와는 달리 이승윤 음악의 특징은 한글이 담을 수 있는 의미의 압축성이 최대로 활용되기 때문에 웬만큼 한글에 익숙한 외국인이 아니라면 그 맛을 알기가 쉽지 않다는 데 있다. 이렇게 둘 사이엔 그리 연관성이 없어 보이지만, 다른 점이

164

단순히 우월과 열등을 가리고자 함은 아니다. 의외로 BTS와 이승윤의 연결을 상상해 볼 수 있는 점들도 있다.

세계적인 밴드인 BTS답게 각종 검색 사이트들을 검색해 보면 BTS 멤버들이 여러 해외 매체들과 진행한 인터뷰 기사들을 접할 수 있다. 그중에서도 정보 공유 웹사이트에 가수 이승윤의 영문 이름과 〈소우주〉의 영어명이 함께 검색 결과에 떠오른 적도 있다. 그가 이 노래를 부를 당시 BTS 팬 중 누군가 이것을 올린 것일 텐데, 그 아래로 수많은 BTS 아미(BTS팬덤)들의 댓글이 있었다. 소우주의 락 버전이라 좋다는 댓글 밑으로 BTS의 슈가(윤기)가 이걸 언급했다는 댓글이 있고 관련 링크가 걸려 있었다. 링크를 클릭하고 들어가 보니 한 웹매거진과 슈가가 올 초에 진행한 인터뷰였다. 해당 인터뷰에서 요즘 근황을 묻는 질문에, 그는 영화 보고 TV쇼 보면서 쉬고 있다고 답하면서 이승윤이 참여한 경연 프로그램을 가장 먼저 언급한다. 그리고 이후 이어지는 두세 가지 질문에 대해서도 기타 하나를 가지고 한 번에 음악을 만들거나 부르는 것에 대해 이야기하면서 해당 프로그램에 출연한 몇몇 참가자들을 염두에 둔 듯한 이야기를 하는데, 이 점이 굉장히 흥미로웠다. 물론 각 사람이 생각하는 속마음이야 어떨지 알 수는 없겠으나, 적어도 본 경연 프로그램 우승자인 이승윤의 존재, 그리고 자신들의

165

노래 〈소우주〉를 중요한 순서에서 선택해 불렀다는 점 등 기본적인 정보들은 최소한 알고 있지 않을까 하는 생각이 들었다.

만약 사람들 사이의 다른 점이 앞서 말한 비존재적 부정성이라면, 닮은 점은 인간 존재의 긍정적인 측면이라는 생각이 들었다. 그것은 다시 BTS와 이승윤이 가지고 있는 경계선적 특징으로 이끈다. 아이돌과 방구석 뮤지션이라는 간극이 있는 듯 보이지만, 본질적으로 봤을 때 이 둘은 경계선적 뮤지션이라는 공통점이 있다. 실존주의에서 경계선이란 삶과 죽음의 경계, 존재와 비존재의 경계를 말한다. 이것은 존재가 부정되는 비존재에 잠재해 있는, 존재를 향한 여러 위협과 불안의 가능성들을 회피하지 않고 마주하며 그것을 풀어내는 것을 말한다. 쉽게 말하면, 기존의 대중음악에선 희소했던 주제, '나', 특히 '내적 자아'를 향한 성찰과 긍정, 개인의 존재에 집중한다는 점이다. BTS를 세계적 팝 스타의 반열에 오르게 한 'Love Yourself' 시리즈의 주제인 '자아'는 이승윤의 곡들에서도 흔하게 발견할 수 있는 점이다. 이 접점을 쉽게 알 수 있는 사건이 바로 이승윤이 〈소우주〉를 부른 일이다. BTS도 특별하게 생각하는 이 노래, 〈소우주〉는 사실 철학적으로는 인간 존재 안에 잠재로서 남아 있는 모든 우주적이며 보편적인 힘들을 의미한다. 그리고 이것들을 회피하지 않고 마주하고 실제화함으로써 모든 우주적 영역과 단층들에 대한 참여로 연결된다. 이것이 바로 앞서 말했던 '존재의 의의를 구체화하는 것'을 의미한다. 인생의 불안과 사건, 도전들로부터 도망가지 않고 그 불안과 두려움에 맞서는 것이다. 그래서 나는 이승윤의 〈소우주〉 선곡은 실존주의적 해석으로 볼 때 신의 한 수였다고 본다.

BTS와 이승윤의 음악적 장르는 다르지만 경계선적 입장에서 보자면, 경계에 놓인 '자아'를 살핀다는 점에서 닮아 있다. 경계선에 놓인 존재를 풀어내는 데 음악은 도구로 쓰일 뿐이다. 음악의 장르적 경계선들이 무너지고 블렌딩, 즉 섞임과 혼종이 특히나 많이 이뤄지고 있는 요즘, 전형적인 미국 팝 스타일의 음악을 하는 BTS와 영국식 락과 90년대 한국 대중음악에 영향을 받은 이승윤의 공통점은 그 본질에 있는지도 모른다. 신해철은 한 인터뷰에서 다음과 같은 중요한 말을 남겼다. 결국 우리가 하는 대중음악은 어쨌거나 모두 서양 음악이라는 것이다. 여기에 내 해석을 좀 더 붙이자면 다음과 같다. 어쨌거나 모두 서양 음악인데 뭐가 원류니 삼류니 이런 논쟁은 의미 없다는 것이다. 여기에 새롭게 자신만의 해석을 담고 재창조가 이뤄지는 것이 나아가야 할 길이니, 가능한 많은 음악 장르가 소개되고 소비될 수 있는 전문 채널들이 생겨나야 한국 대중음악이 발전할 수 있다는 지당한 통찰이었다. 그런데, 그중 유독 BTS와 이승윤의 무엇이 그들을 다른 수많은 아티스트들과 구별되게 할까? 개인적으로 그건 스피릿에 있다고 생각한다. 단순히 열정이라고 표현하기엔 2퍼센트 부족한, 앞선 글에서 그룹 너바나의 커트 코베인과 이승윤에 대해 말하며 언급한 '그것' 말이다. 그것은 아마도 자아가 가지고 있는 경계선적 불안을 아우르는 실존의 통찰이자 용기일 것이다. 그리고 그것을 담아내는 음악을 나는 '실존적 팝'existential pop이라고 부르고 싶다. 그리고 이들의 실존적 고민이 담긴 통찰은 서사로서 풀어지는 공통점이 있다. 인간의 보편적 존재와 그에 대한 고민은 결국 특정한 한 사람의 이야기로부터 출발한다는 공통점 말이다. 그건 한 사람을 소중히 여기는 마음과 다르지 않다.

BTS 해설로 유명한 평론가 김영대는 BTS가 전 세계 팬들의 마음을 사로잡은 몇 가지 이유들 중 중요한 하나로 '진실성'을 꼽았다. 개인적으로는 동의하나 논란이 있을 수 있는 제목이라 생각했다. 다른 수많은 가수들이나 아티스트들은 진실하지 않다는 것인가? 그렇지 않기 때문이다. 사람의 진실함이 성공의 중요한 요인이 될 수는 있겠으나 진실함이 음악 산업계에서의 성공을 보장하는 중요한 요소는 결코 아닐 것이다. 술과 마약을 가까이한 예술가들이 성공한 경우가

얼마나 많은가? 그 어느 분야나 마찬가지다. 사람의
진실함은 일면 당연히 전제되는, 동시에 가장 이루고
지키기 어려운 덕목일 수도 있다. 거짓이 없고 솔직하고
정직하다는 정도로 해석하면 좋을까? 사실 그것만으로도
얼마나 대단한 덕목인가! 나 또한 BTS의 강점은 그들의
음악임과 동시에 팬들과의 진솔한 소통이라고 생각한다.
그들은 초기부터 자신들의 성공적이고 멋진 모습만
보여 주지 않고, 실패하고 어설픈, 나약한 모습들도
함께 팬들과 공유했다. 그래서 그들의 오래된 팬들은
그들이 자라는 모습을 함께 지켜 본 서사의 동반자로서
경험하는 일종의 강한 유대감을 공유한다. 동시에
이것은 음악인 이승윤의 장점이기도 하다. 자신의
인기를 고려한 발언이 먼저가 아니라 자신의 경험과
솔직한 심정을 나누는 것 말이다. 그는 다른 유명인들에
비해 초라하게 보일 수도 있는 자기 생활공간을 보여
줌과 동시에 인터뷰에서 사람들이 들었을 때 좋아할
법한 말을, 즉 정답을 말하기보단 자신이 나누고 싶은
말을 한다. 그는 다른 팬들과 소통하는 방식에 있어서도
기존의 가수들과는 많이 다른 모습을 보여 준다.
라디오 프로그램에 나와서 이상형 질문을 받으면 "왜
그런 것들을 솔직히 말해야 하는지 모르겠다, 우리는
노래하러 나왔다" 등 기존의 정해진 틀이나 방식을
벗어나는 굉장히 다른 발상과 발언을 솔직하게 한다.

자신을 착하고 좋은 사람으로 포장하지 않는다. 그것은
사실 어찌 보면 당연하면서도 대중의 반응과 평가에
민감할 수밖에 없는 연예인들로부터 우리가 익숙하게
경험할 수 있는 것들이 아니라 더 새롭고 정직하게
다가오는지도 모른다. 솔직한 심정을 가식적이지도,
그렇다고 거칠지도 않은 정제되고 유려한 방식으로
표현한다. 팬들은 단순히 자신들을 위한 립서비스
위주의 보여 주기식 소통이 아닌, 보다 근본적이고
인간적인 '대화'가 가능한 인간 그 자체의 모습을 더
사랑하는지도 모른다.

경계선에 선 사람들

경계선에 선 사람들에게 시급한 것은 토성의 고리처럼
아름다워 보이는 왕관이나 반지가 아니다. 그들에게는
지금 당장의 하루를 살아가야 하는 삶이 중요하고
그들의 존재의 의미 또한 삶의 터전인 경계선 여기
어딘가에 있다. 평범한 일상이 얼마나 귀한 선물인지
2020년을 지나 지금을 살아 내고 있는 전 세계 사람들은
알고 있을 것이다. 2021년의 절반 이상이 지난 지금도
그토록 바라고 원하는 평범한 일상이 코로나 바이러스로
인해 돌아오지 않고 있다. 하지만 비단 전 세계적 유행병

상황만을 염두에 둔 것은 아니다. 그것이 오히려 수면 밑에 가라 앉아 있던 여러 사회 제도적 문제들을 수면 위로 드러내는 계기가 된 것일 뿐이다. 그것도 아주 급격히 말이다.

얼마 전 미국 테슬라의 스페이스X에서 사람들을 화성에 실어 나를 실제 크기의 우주선인 스타쉽 SN10 Starship SN10의 성공적인 발사와 착륙이 생방송된 적이 있다. 팬데믹 때문에 모든 상황이 막혀 버린 것만 같은 북미의 일상에서 이 이벤트는 마치 이제 곧 인류의 구원이 속히 임박하는 사건처럼 여겨졌다. 하지만 그보다 중요한 실존의 문제가 여기 우리 곁에 여전히 남아 있다. 냉혹한 시대의 품속에서 평범한 사람들은 아마 진짜로 저마다의 유배지나 게토(ghetto, 공동 격리 거주구역)에서 얼어 죽게 될 개인일지도 모른다. 이 시대, 정부와 주류 사회는 개인을 중요하게 여기는 것처럼 보이고 민주주의의 열매가 맺히며, 첨단기술 시대로 나아가는 것처럼 선전하기에 여념이 없다. 하지만 서구에서 한때 꽃피웠던, 그리고 지금도 어느 정도 유효한 근대적 인본주의와 개인주의가 대한민국 땅과 역사에서 제대로 논의되거나 평가된 적이 어디 있었던가? 한국사회는 여전히 집단과 '우리'가 '나', '너' 보다 중요하게 여겨지는 사회이지 않은가?

이것은 '나'는 좋고 '우리'는 나쁘다는 말도, 그 반대의 말 또는 가치가 절대적으로 옳다는 주장도 아니다.
이승윤의 말처럼, 환한 빛 속에도 차가움이 있고,
차가울 것만 같은 빗속에서도 따뜻함을 느끼고 경험할
수 있는 것처럼 우리 사회 안에서 급하고 과격한 여론
몰이 또는 마녀 사냥을 멈추고, 우리에게 우리가 살고
있는 사회와 개인에게 여전히 부족한 것이 무엇인지,
그 누가 주변부로 밀려나 있는지를 다시금 살펴보고 그
부족한 결핍을 채워야 하는 것은 아닐까? 시적 허용을
통해 마음속에 담아 두고 말하지 못했던 자신만의
진리를 해학을 담아 표현하는 이승윤과 같은 음악인과
아티스트들의 존재는 그래서 중요하다. 그들의 예술
작품을 통해 웅크려 있지만 생존을 포기하지 않는
경계선적 존재들이 표현되고 노래되기 때문에 사람들의
마음도 덩달아 움직이게 된다. 때론 다소 냉소적이라
할 수도 있는 면들이 있지만, 그럼에도 불구하고
생존을 넘어 도전을 포기하지 않으며 삶에 집중케
한다는 점에서, 그런 삶의 방식을 즐기며 참여하도록
초대한다는 점에서 경계선적 예술가들의 작품은 또 다른
휴식이자 꺾을 수 없는 평범한 사람들의 힘을 표현한
것으로 이해할 수 있다.

　　우리는 대부분 자신을 '평범한' 사람쯤으로 인식하고
있다. '평범'을 어떻게 정의하느냐에 따라 거기에는
여러 가치 판단들이 담겨 있을 수 있다. 오늘날

'평범'하다는 것이 누군가에게는 허물이 될 수도 있고, 다른 누군가에게는 쉽게 가지지 못하는 사치일 수도 있다. 90년대 한국은 일명 IMF 사태라고 하는 '외환위기'를 겪으며 대부분의 가정경제가 풍비박산이 나는 비극을 겪었다. 2000년대 초반 월드컵의 고무적인 결과와 효과 등에도 불구하고 2008년 터진 미국발 금융위기는 한국을 포함한 전 세계 경제에 다시 한 번 충격파를 던졌다. 이 시기를 통해 거대 자본들의 사회 시스템 잠식은 빠르게 진행됐고 시간이 지나면서 자신들만의 체제를 공고히 다져 왔다. 그만큼 사회는 정치경제적 약자에게 더욱 가혹한 환경이 되어 왔다. 청년들, 퇴직자들, 노년층들의 삶은 더욱 힘들어져 가기 시작했다.

요즘이라고 달라졌을까? 대한민국은 2018년 경제 협력 개발 기구^{OECD}에서 발표한 하위 10퍼센트 대비 중위소득 배율에 따른 OECD 37개 국가 중 소득 불평등 순위에서 당당히 미국을 제치고 1위를 차지했다. 이런 현실 속에서 부의 사다리라고 불리는 계층 간의 합리적인 이동 수단은 사라져 버려 좌절은 커지고 희망은 사라진 듯 보인다. 평범한 사람들의 일상이 경제적인 문제로 무너져 내리는 뉴스를 그 어느 때보다도 많이 접하고 있는 요즘인 것 같다. 이러한 상황들은 평범한 사람들도 사실 알고 보면 어느 정도 '경계선' 어딘가 즈음에 놓여진, 그래서 자칫 한 발자욱이라도 잘못 내딛게 된다면 나락으로 떨어져 버릴 수밖에 없는 그런 인생을 살고 있음을 쉽게 이해할 수 있게 된다. 이것은 대부분 '평범한' 사람들이 공유하는 실존적인 경험이다. 그래서 우리는 그 어느 때보다도 서로를 보다듬으며 살아가야 하는, 아니 마치 기성세대들이 전쟁 후 수십 년을 버티며 생존해 왔듯 그렇게 또 다른 의미에서 생존을 해내야만 하는 사회를 살고 있는지도 모른다.

내가 살고 있는 캐나다라는 나라도 다르지는 않은 것 같다. 특히 북미 5대 도시 중 하나인 토론토도 비슷하다. 도시의 역사는 오래되었고, 도시 중심에 위치한 토론토대학교를 비롯한 많은 건물들이 100년은 기본으로 넘는 19세기 건축양식 등으로 지어진 관광상품이어서인지 그 자체만으로도 많은 관광객들과 영화 촬영 등으로 365일 바쁜 곳이다. 심지어 지금의 팬데믹 상황에서도 토론토대학교 학생들은 학교를 오지 못하고 있지만 영화 촬영은 진행되고 있는 것이 신기할 정도다. 그러나 정작 그 안에서 살아가고 있는 거주민들이나 학생들에게는 그런 모습들이 그리 달갑지만은 않다. 학교의 오랜 건물 탓으로 여기저기 보수할 곳들이 많고, 이런저런 촬영으로 학생들의 수업이나 통행이 방해받기 일쑤다. 비단 대학교뿐만이 아니다. 구시가지의 모습은 더 큰 도전으로 다가온다. 19세기에 지어진 아름답지만 역시나 노후한 붉은 벽돌 건물이 많이 남아 있음에도 이들의 관리나 처리는 언제나 지지부진하다. 건물들과 역사적 유적지들, 관광객들을 끌어모을 수 있는 장소들은 유지되지만, 그 안에서, 또는 주변에서 살아가고 있는 사람들은, 특히 난민의 지위로 이민자의 삶을 살아가는 하층 노동자들과 그들의 가족들은 이곳에서도 관심 밖에 있는 것 같다. 코로나 팬데믹 상황에서 유색인종에 대한 증오 범죄는 늘어나고 있고, 직장과 집을 잃어 공원에서 텐트를 치며 생활하는 사람들 또한 늘어나고 있다. 그러나 안정적인 시스템을 구축한 사람들은 이 기간 동안 자산과 자본이 몇 배씩 늘어나는 상황이다. 이런 양극단의 사람들이 함께 살아가는 도시와 국가는 과연 공동체로써 어떤 의미를 지니고 있는 것일까? 과연 무엇이 도시를 도시 되게 하고, 무엇이 우리가 살고 있는 도시와 국가를 생기 있게 하는 걸까?

　사실, 도시나 국가가 살았는지 죽었는지에 대해서 말하려면 그곳에 사는 사람들의 삶을 빼놓을 수 없다. 도시가 도시 자체를 위해 존재하는 것은 아니기 때문이다. 그러나 어느새 도시의 효율성을 이야기하면서 사람을 잃어버리고 있는 것은 아닌가 생각하게 된다. 주체인 인간의 중요성은 날이 가면 갈수록 줄어들고

있는 것만 같다. '그게 무슨 말이냐? 사람을 위한 건축과
도시 설계, 대중교통 등 얼마나 사람을 중심으로 한
발전이 이뤄지고 있는데?'라고 물을 수도 있다. 그러나
친환경이니 사람 중심의 건축이니 하는 말은 많지만
주변부 사람들은 언제나 그 자리에 있거나 더 외곽으로
몰리고 있다. 물론 어느 정도의 간접 혜택 정도는
얻을 수 있겠지만 그것이 그들의 삶을 바꿔 주거나
이 사회의 불평등한 제도 자체를 바꾸지는 못한다.
우리는 도시와 국가 안에서 기존 시스템에 적극적으로
연결되어 살아가는 사람들에 대해 말할 것이 아니라,
그 무엇보다도 내몰린 소수에 대해 말해야 한다.
그것은 추가의 설명이나 논리가 필요치 않은 그 자체로
자명하고 중요한 사실이다. 너무나 단순한 명제이기
때문에 우리가 잊고 살아가고 있는지도 모른다. 물론 한
사람의 삶에 대해 말하려면 상황과 배경을 빼놓을 수
없다. 그러나 주의해야 할 것은 특정 상황이나 환경에
놓인 한 인간의 실존을 이야기할 때 우리가 사용하는
렌즈를 어떤 렌즈로 선택할 것이냐 하는 것이다. 경쟁,
특권, 성공을 이야기하고 물질을 우상시하는 사회의
렌즈를 선택해서 주변부와 경계선에 놓인 사람들을
본다면 당연히 그들의 실존 자체가 담고 있는 가치와
중요성에 대해 이해할 수 없고 간과하거나 평가절하하기
쉽다.

물론 이에 대한 철학적 사회학적 담론들은 이미 무수히 많이 나와 있다. 그러나 그 이론들 대부분도 중앙과 경계선의 역전 정도로 렌즈를 바꿔 낄 뿐이다. 즉, 다시 말해서 경계선이 중심이 되고 중앙은 경계선이 된다는 것 정도다. 경계인의 우월한 점을 포착하고 기득권의 우매함을 주장하는 것이 일반적인 틀이다. 전혀 틀린 말은 아니지만, 이것은 어쩌면 이미 구축된 가치 판단의 틀을 벗어나지 못한 채 경계인을 이해하려는 시도일지도 모른다. 예를 들어 현대 사회 문화적 경계선과 주변부 사람들에 대한 사회학적 이론의 대가인 가야트리 스피박Gayatri Chakravorty Spivak도 그의 책 《서발턴은 말할 수 있는가?》와 여러 다른 저작에서[2]조차 주변화된 사람들의 '말하는 것'에 무게가 실려 있지 그들 실존 자체에 초점을 맞추고 있지는 않다. 이른바 하위 주체들이라고 하는 경계인들도 반드시 '말해야'만 하는 틀에서 벗어나지 못한다는 말이다. 만일 생명과 자아의 실존 자체를 소중히 여긴다면 '하위 주체가 말할 수 있는가?' 등의 질문은 오히려 그렇게 묻고 말할 것을 요구하고 강요하는 구조의 허울과 다르지 않다는 사실을 알아야 한다. 하위 주체라고 하는 주변화된 개인들이 침묵당하도록 강요받고 있다는 주장에는 어느 정도 일리가 있다. 그러나 동시에 모두가 목소리를 내어 하나의 방식으로 저항하고 싶은 것은 아니다. 누군가는 한을 삼키며 침묵으로 억압을 견디며 저항하는 사람들도 있다. 그러나 SNS 등을 통한 자기 자랑이 미덕이 되어 버린 이상한 세상 속에서 침묵 자체에 대한 인정은 어디에도 없다. 거기 그냥 있기를 원하는 실존에 대한 인정은 굳이 그 하위 주체가 설명하거나 말해야 하는 것은 아니기 때문이다. 사회 내에 존재하는 여러 차별 문제들에 있어서 구조적이고 집단 정체성 group identity 적인 접근만 시도하며, 그들이 침묵당한다거나 핍박받는 것에 대해 변호한다고 하지만 여전히 그러한 논쟁에서 개별 특이성, 구체성, 개인의 특정함을 상실하는 모순이 발생한다.

여전히 원의 중심에 있는 사람들은 역사와 전통이란 이름으로 군림하며 명령과 복종을 요구할 뿐만 아니라 그것들을 아름다운 미덕으로 가르치고 있다. 이 도시와 국가, 관광지를 관리하는 시스템은 다른 누구도 아닌 그들만을 위한 것으로 변질되어 가고 있지는 않은지 끊임없이 의심하고 질문해야 한다. 현대 사회의 과학적 경제적 진보와 발전을 더해 갈수록 양극화가 심해진다는 통계적 사실에서 우리는 설국열차에서 극명하게 갈리는 앞 칸과 뒷 칸의 대비가 비단 극화된 허구적 이야기만은 아님에 좌절하고 절망한다. 도시로 대표되는 인간의 역사와 전통, 공동체적 가치라고 포장된 그 허울들과 가면들 또한 그들이 만들어 놓은 시스템은 아닐까?

철학자 헤겔조차 인간은 역사를 통해서 그 존재의 본질을 성취할 수 없다고 말했다. 그도 그럴 것이 그에게 역사란 절대적 존재의 자기 성취였기 때문이다. 거대한 역사 자체의 흐름 속에서 일개 인간의 존재는 티끌처럼 치부됨을 의미한다. 그렇게 역사라는 물줄기는 개별 인간을 삼켜 버릴 만큼 거대하다. 아니 그렇게 가르쳐져 왔다. 동시에 그 속에서 인간 실존은 소멸할 위협에 처해 있다. 개인이 살아남기 위해선 어쩔 수 없이 지금의 꿈으로 오늘과 내일을 살아 내는 그 당연한 순서를 부정하고 포기할 수밖에 없다. 역사와 공동체라는 이름 아래, 거대한 어떤 것에 일부가 되는 것이 더 가치 있다는 가르침 아래 개인은 몰수된다. '나'란 존재, 가장 귀하고 가치 있는 실존은 묻히고, 그 자리에 집단이 정해 놓은 규범과 규칙, 삶의 방식만이 존재한다. 과연 우리는 새로운 '나'를 발휘하는 것을 용납하고 있는가? 그러나 결국 역사를 이끌어 가며 하나의 행동과 언어로 역사의 물줄기를 바꾸기도, 거슬러 오르기도 하여 다른 길들을 열어 가는 것은 실존적 자아 개인이다. 헤겔의 친구이자 철학자인 셸링의 말처럼, 바로 그 부분을 놓친 것이 헤겔의 실수 또는 한계일지도 모른다. 그래서 억눌리거나 무시되어진, 내몰린 삶에서 이승윤과 같은 예술가들의 작품은 기존 사회 구조가 체계화해 왔던 언어적 논리적 가치 판단을 비트는 예술적 유희임과 동시에 강렬한 저항이 아닌 상생의 대안을 창조하는 공간으로 대중들에게 다가온다. 기존의 통념과 편견들을 거꾸로 보여 주기도 하고 역으로 발상을 꾀하는 해학으로 가볍게 그 체계를 역전시키는 등 재미있고 통쾌하며 동시에 평범한 인생들을 안아 주는 동질감이 그의 노래에 가득하다.

이와 비슷한 의미에서 그의 작품 속에 등장하는 '전통', '권위', 또는 '역사' 등의 기존 가치 판단 틀에서는 절대적으로 공동체적 가치로서 선하고 옳다고 교육되던 것들에 대한 재해석이 이뤄진다. 그의 노래 〈관광지 사람들〉에서는 '현재를 살아가는 사람들은 역사에 빚을 지고 있다'는 누구도 함부로 거스를 수 없는 대명제적 가르침을 재해석한다. 언뜻 단재 신채호 선생의 '역사를 잊은 민족에게 미래는 없다'는 명언이 떠오르는 이 명제는, 흔하게는 연례행사처럼 다가오는 여러 대한민국 국경일 즈음에서 많은 방송사들과 언론 매체 등을 통해 사람들의 애국심을 고취시키고자 하는 일종의 도구로 사용되어 왔다. 과거가 중요하다고 말하는 사회 여러 지도층들, 가진 자들의 '가르침'은 언제 어느 사회에서나 있어 왔다. '우리가 역사에, 전통에 빚을 지고 있다'는 가르침은 '그러니 그들의 가치를 위해 살아야 한다', '공동체를 위해 지금을 참고 희생하는 것이 옳다'는 등의 주장들로 쉬이 이어진다. 그러나 정작 어떠한 가치로 미래를 살아야 하는지 가르치면서 그 안에서 병들어 가고 경계로 내어 몰리는 개인들의 삶은 간과되기 일쑤다. 동시에 정치적으로 좌든 우든 그들의 명령과 복종에 대한 요구는 변함이 없다. 그들에겐 평범한 사람들이란 자유로운 개인들이기보다는 자기들 정치적 입맛에 맞게 지휘할 수 있는 도시, 또는 국가에 종속된 하부 주체들, '시민' 또는 '국민' 정도인 것 같다. 그러나 '인민의 해방'을 부르짖었던 공산주의가 되려 그들의 생명을 보잘것없이 유린하는 것처럼, 정작 정치적, 경제적, 사회적 리더십이라고 하는 사람들은 전통과 역사의 그 당시 그 현장에서 치열하게 삶을 불태워야 했던 가장 소중한 이유인 '사람'을 소중히 여기지 않는다.

그들은 우리가 되뇌어야 할 것을 가르친다. 그러나 그것은 그들의 가치이지, '나'의 가치, '내가' 원하는 것은 아니다. '나'는 내가 원하는 것을 내이고 싶다. 그것은 단순히 내가 저들의 자리와 시스템을 이어받든, 아니면 내가 저들의 자리를 대체하고 새롭게 개조하겠다는 '혁명'적 발상이 아니다. '나'는 단지 내가 사랑하는 것을 읊조리고 싶을 뿐이다. 여기엔 그 어떤 구조적 규범에 의한 지도나 간섭도 끼어들어서는 안 된다.

'내가' 살아가는 여기 이곳은 관광지처럼 국가라는 공동체에 소속된 곳만은 아니다. 여기 지금, 이곳과 이 시간을 살아가는 '내가' 주인으로 살아가야 할 터전이다.
관광지를 찾은 관람객들도 큰 시스템의 일부일 뿐이다.
역사적 유적지나 전통이 중요하지 않다는 말이 아니다.
다만 관광지가 관광지로 남을 수 있게 된 이유는 그
옛날 당시 시대를 열정적으로 살았던 사람들이 있기
때문이다. 그때 그 열정과 삶을 살았던, 그 풍부하고
두터운 인간 존재의 힘을 깨닫는 관광객, 이미 죽었지만
여전히 살아 숨 쉬는 역사적 인간의 생명력을 가늠할 수
있는 관광객이 과연 얼마나 될까?

그런 기억해야 할 과거와 살아야 하는 현재를 연결해
주는 것은 다름 아닌 '글'로서 상징되는 전통과 역사라는
이야기다. 원래 '글'은 인간의 존재를 깨치게 하고
자각하게 하는 긍정적인 상징을 가지고 있다. 그러나
동시에 다른 한편으로 '글'은 배운 자들만이 사용할 수
있는 엘리트주의를 상징하기도 한다. 이승윤의 작품들,
특히 '관광지 사람들'에서 '글'은 도시와 관광지, 이
시간과 장소를 지배하는 사람들의 가치관을 담은 지배적
가르침과 그 수단을 상징한다. 글이 된다는 것은, 지금
이 시간에 실존을 바쳐 살아갈 수 없기에 먼 미래에도
사람들이 기억할 만한 아름다운 서사나 관광지가 될
수 없고, 그저 이 오래된 유적의 일부로서 남게 됨을
의미하기도 한다.

우리가 살고 있는 사회 시스템의 중앙과 주변부는

언제나 존재한다. 주변부에서라도 살아가기 위해선 몇 가지 되지 않는 선택지 중에서 하나를 선택해야만 한다. 사람들 대부분은 시스템의 중앙에 순응하고 그들을 동경하는 삶을 살아가기로 선택한다. 시스템에 붙어 있어야만 한다. 보수주의자들이나 전통주의자들의 주장을 이해하지 못하는 것은 아니다. 그러나 바로 이러한 이유 때문에 유럽 계몽주의의 그 기치, '우리에겐 더 이상 우리 자신 이외에 다른 주인은 없다' 또는 '우리 자신 이외에 다른 이야기, 다른 전통은 우리에게 없다'라고 외쳤는지도 모른다.

나는, 우리는, 이승윤과 다른 수많은 예술가들에 대해 관광지처럼 대해 왔는지도 모른다. 한 실존이 우리와 함께 살아 내면서 만들어 내는 새로운 예술적 혹은 철학적 이정표를 방문하는 관광객들처럼 행동하고 사고하는 것 말이다. 유명 건축물을 예로 들면, 어떤 색깔로 입혀 있고, 누가 설계했고, 얼마나 값진 재료들을 사용했는지에 대해 따져 보는 것 말이다. 물론 그런 것들도 중요하지만, 왜 당시에 이 건물이 지어졌고, 그때 세상은 어땠고, 어떻게 이 장소 또는 물건이 사용됐고, 오늘날 그 가치는 어떻게 재평가되고 있는가? 그 의미는 무얼까? 등을 물어야 한다. 가수 이승윤이라는 실존 자체를 사랑하고 좋아한다는 건, 이 사람의 연애 이상형이 아니라(물론 그런 것이 중요하지 않다는 말은 결코

183

아니지만) 왜 이 사람이 지금까지 사람들에게 알려지지 않았는지, 왜 지금 이 시점인지, 사람들이 이 사람을 통해서 투영하는 욕구는 무엇이며 그럼에도 채워지지 않는 것들은 무엇일지 등에 대해서 생각해 보는 것이다. '이승윤'이라는 관광지를 찾는 관광객들은 그저 '이번엔 또 어떤 이슈가 있나?', '이 사람은 어디 헤어샵을 다니고, 차는 뭘 타지?', '가족들 간에 어떤 화제가 될 만한 그런 이야기들은 없나?' 등을 생각할 뿐이다. 그런 가십거리들은 실존의 불안을 회피한 채 유명 관광지만 찾아다니는 사람들의 얕은 유희에 지나지 않는다. 그리고 그런 사람들이 관광지를 파괴하는 사람들이라는 사실을 우리는 알고 있다.

나는 앞서 경계선에 선 존재가 용기를 발휘할 때 다른 경계선에 선 사람들은 그걸 보고 자신들도 그렇게 살 수 있는 힘을 얻는다고 말했다. 즉, 새롭게 발견한 '무언가' 또는 '누군가'를 가운데에 밀어 넣고 '우리는 너만 바라봐'가 아니라, 바라보고 응원도 하지만, 그것을 통해 자신의 실존의 불안을 마주하고 그것을 뛰어넘는 용기를 발휘하는 과정으로 나아가야만 한다. 그것이 바로 우리가 살고 있는 이곳에서 관광객이 아닌 주체로서 살아가야 하는 삶이다. 진정한 삶을 산다는 것은 관광지를, 제도를, 우리의 전통과 역사를 져버리거나 그 반대에 서는 것이 아니다. 그 유명 관광지가, 시스템 또는 제도가 원래 의도했던 가치, 그 가치를 살아 내는 것을 말한다. 그것이 '바로 지금 여기'에 속한 관광지 주민들이 살아야 할 진정한 삶의 자세 중 하나일 것이다. 이것이 존재 자체로 장르가 되어 버린 '이승윤 장르'의 경계선적인 특징이자 적용이다.

Chapter 2.
경계선 너머

가짜 꿈과 진짜 꿈

(실존의 해방으로 나아가기 위해)이승윤이 서 있는 경계선의
위치는, 그의 작품 〈가짜 꿈〉에 빗대어 설명하자면, 가짜
꿈과 진짜 꿈 사이의 경계에 놓인 인간 존재를 상징하고
의미하는 것으로 생각될 수도 있다.

사람은 꿈을 꾼다. 자면서 꾸는 꿈을 말하는 것이
아니라 자신이 이루고 싶은 것에 대한 소망과 계획
말이다. 물론 수면 중에 꾸는 꿈이 개인이 이루고자
하는 꿈과 아주 관계가 없지는 않을 것이다. 심리학자
프로이트는 우리가 자면서 꾸는 꿈에 대해서, 꿈이란

'기억의 밭에서 올라오는', 무의식에 억눌린 욕망이 발현되는 통로라고 하지 않았던가? 물론 프로이트가 말한 전부를 동의하는 것은 아니지만, 최소한 꿈과 억눌린 욕망의 관계가, 물론 그는 이러한 욕망 중에서도 성적 욕망을 강조했지만, 인간의 원초적인 본능과 본질에 닿아 있다는 점에서 프로이트의 말은 새겨들을 가치가 있다. 즉, 사람은 그것이 성적 욕망이 되었든 부자가 되고자 하는 욕망이 되었든 추구하는 가치 또는 이상향에 따라 꿈을 꾸며 그것을 발현하고 성취하는 방향으로 살아가야만 한다는 것이다. 여기에는 그러한 방향의 삶 또는 결과와 맞아떨어지는 정치적 사회적 선택이 포함된다. 인간은 자라면서 추구하거나 소망하는 꿈들에 대해 많은 거부와 묵살을 경험하게 된다. 그것이 교육이란 이름으로 행해지든지 심지어 부모의 훈육이란 이름으로 행해지든지 말이다. 그러한 외부의 억눌림과 실존의 발현의 충돌은 우리에게 우리 자신이 가짜 꿈과 진짜 꿈의 경계선에 놓이게 되는 불가피한 현실로 다가오기도 한다.

　물론 이러한 경계선에선 무엇이 가짜 꿈이고 무엇이 진짜 꿈인지 헷갈리기도 한다. 원제가 〈C-Room〉이었던 노래 〈가짜 꿈〉의 탄생 비화에 대해서 이승윤이 직접 나누었듯이, 우리가 살고 있는 현실에서 사람들은, 특히 예술가들은 어느 순간에는 반드시 이 작업을 지속할 것인지, 아니면 이 모든 것이 부질없는 가짜 꿈이었음을 인정하고 멈출 것인지를 고민하고 결정 내려야만 한다. 마치 영화 〈메트릭스〉에서 영화 초반 주인공 네오가 현실로 꾸며진 가상공간 사이에서 혼란스러워하는 것처럼 말이다. 그러나 결국 그 둘 사이에서 선택을 해야 하는 것은 본인이다. '메트릭스'라는 기존의 시스템이 자신에게 맞지 않는 가짜 꿈을 제공하는 곳인 줄 알면서도 그것을 진짜 꿈이라고 믿고 그곳에 남아 '메트릭스'의 일부가 될 것인지, 아니면 시스템이 가짜 꿈이라고 가르치는 나만의 진짜 꿈을 좇아 시스템을 거스를 것인지. 이처럼 자아는 자신에 대해 스스로의 권위를 가진다. 무엇을 선택하고 어떻게 살아갈 것인지에 대한 선택을 할 권리는 다른 누구도 아닌 본인에게 주어진다. 그러므로 진짜 꿈과 가짜 꿈의 구분과 그에 따른 결정은 그 누구가 아닌 자기 자신에게 달려 있다.

경계선의 노래: 뒤척이는 허울

이승윤의 곡들을 보면 기존의 교육 체계에서 사람들에게 가르쳐진 전형적인 권위 또는 시스템에 대한 재해석들을 심심치 않게 발견할 수 있다. 특히 이 노래 〈뒤척이는

허울〉은 시적 음률과 상징으로 가득 차 있다. 이 노래를
처음 들으면 도대체 이 가수는 무슨 의도를 가지고
이런 가사를 썼을까 하는 궁금증에 사로잡히게 된다.
이승윤이 좋아하는 그룹 오아시스의 노엘 갤러거
말처럼, '그런 거(가사) 누가 신경이나 쓸까?' 하는
마음으로 그저 음악을 듣고 즐길 수도 있다. 만든 이도
아무렇게나 비슷한 말들을 붙이고 그냥 아무 생각
없이 만들었을지도 모를 일이다. 그러나 그런 노엘
갤러거조차 자신이 곡을 쓰고 작업할 때는 세상에서
가장 진지해진다고 하지 않았던가? 그렇게 이승윤의
작품들에는 '말'들이 의미하는 바가 크다. '말'은 한
사람이라는 소중한 존재가 담기고 발현되는 도구다.
하지만 실제 우리 생활에서 말은 그 어떤 무기보다도
더 잔인하게 남녀노소 가리지 않고, 시간과 장소를
불문하고 서로를 상처 입히는 도구가 되고 있다. 충고나
조언이라는 허울로 사람들은 서로를 상처 입히기도 하고
자신의 이익을 위해 거짓된 말을 퍼뜨리는 것도 서슴지
않으며 확증편향적 망상으로 누군가를 왕따시키거나
마녀사냥하기도 한다.

〈뒤척이는 허울〉의 첫 문장은 종교적 경전을 연상케
하는 직접적 표현으로 시작한다. 역사적으로 종교
또는 종교적 상징은 예술가들에게 있어 단골 소재였다.
유럽의 수많은 건축물들이 그 범주에서 자유롭지

못하고 특히 성당과 같은 교회 건물들을 빼놓고는 유럽 도시와 건축사를 이야기할 수 없을 정도다. 그러나 현대 다원주의 사회에 들어서면서 종교는 함부로 다루기에 민감하고 휘발성이 큰 주제가 되어 버렸다. 2015년 프랑스에서 발생한 샤를리 에브도 테러 사건이 보여 주는 것처럼 말이다. 그만큼 민감한 주제이기 때문에 국내 대중 연예 산업, 특히 대중가요에서도 잘 다루지 않는 것 같다. 더군다나 한국 사회는 유럽과는 달리 단 한 번도 크리슨덤 Christendom 3 이라고 하는 기독교국가를 경험한 적이 없으니 더 그럴 수 있다.

경전은 말 그대로 종교적 경전, 이를테면 기독교의 성경 또는 이슬람교의 코란처럼 각각의 종교들이 가지고 있는 거룩한 가르침 또는 계시로 볼 수 있다. 그러나 이것이 비단 문자 그대로 종교적 경전에 대해서만 말하는 것은 아니라는 것을 알 수 있다. 즉, 여기에 두 겹의 해석이 필요할지도 모른다. 우선은 문자 그대로 종교적 경전과 경구들로 보는 것이다. 그리고 또 다른 해석은, 더 큰 인간 사회 안에 실제로 존재하는 모든 이데올로기적 제도와 가치들을 가리키는 것으로 해석할 수 있다.

잉크가 마른 경전에서 잉크가 말랐다는 건 시간이 지났음을 의미한다. 시대와 사람들의 삶의 변화에 발맞추지 못하는 고착화되어 버린 규칙들은 마치 생명력이 말라 버린 오래된 기록들이 되어 버린 듯하다.
그리고 그런 진리를 담은, 또는 담았다고 주장되는
문장들은 삶에 대한 배려와 포용이 아닌 완장을 두른 채
인간의 삶을 통제하는 역할을 한다고 가수는 노래한다.
이 '완장'에선 오래전 영화지만 〈우리들의 일그러진
영웅〉에 등장하는 '엄석대'가 떠오른다. 그는 강압적이고
폭력적이며 개인의 자유를 박탈한다. 인간의 삶을 위한
진리를 담은 경구들은 어느새 법과 행동강령을 통해
자유로운 삶을 옥죄고 있다. 종교적 율법주의, 그리고
그것을 넘어 사람들을 줄 세우고 짓밟는 사회적, 문화적,
공동체적 가르침들과 강령들 말이다. 이러한 폭력적
권력과 권위로 채워진 구습에 대한 저항이 음악인
이승윤의 작품들 전반에 깔려 있지만 그의 특징은 조금
다르다. 기존의 락 음악들이 추구했던 거친 저항과
반발보다는 위트 있는 음률과 언어적 유희,
또는 시적 허용을 이용한 풍자를 사용하기도 한다. 기존
체제를 뒤집어엎으려는 혁명적 시도를 찬양하기보다는
빛과 어둠, 따스함과 차가움 등 상반되는 가치들 또는
개념들의 절묘한 균형을 추구하고 때로는 그 너머를
지향한다는 점에서 독특하고 흥미롭다.

　　대중은 이러한 시적 허용 안에서 자유롭게 말하고
노래할 수 있는 음악을 통해 여러 눌림을 해소하고
안도하며 만족한다. 가수 본인뿐만이 아니라 누구나

그의 노래를 통해서 오래된 가르침과 폭력적 규범에
더 이상 굴종하며 살 수 없음을 되뇌이게 된다. 그것은
비단 그만의 특징은 아니다. 그가 영향을 받은 가수
이적과 그보다 앞선 한국 대중음악의 선구자들이
걸어온 발자취에서도 발견할 수 있다. 김광석이 그랬고,
안치환이 그랬으며, '노래를 찾는 사람들'이 그랬다.
그 외에도 일일이 열거하자면 책 몇 권은 족히 될
듯하다. 지금도 이들이 남긴 시와 노래는 도시의 주변부
골목과 노동자들의 피와 땀에 서려 있다. 그러나 사회
속 피라미드적 계급 구조는 여전히 존재하며, 현대
사회를 살아가는 우리는 여전히 너무 초라한 자아일
뿐이다. 그리고 계급의 상층부만이 따스한 햇살을
독차지한다. 권력을 잡은 사람들, 또는 내부자들, 원의
중심에 있는 소수의 사람들은 언제나 따스한 햇살을
즐길 여유가 있다. 제도적 지배계급과 나머지 계급의
유비는 비뚤어진 나만의 시선만으로 발견할 수 있는
새로운 사실이 아니다. 이 자명한 현실에 대해 노래
〈뒤척이는 허울〉은 거대한 도시화가 급속히 진행되어
가고 자본의 시장 잠식이 속도를 더해 가는 상황 속에서
톱니바퀴처럼 끼여 탈출구라고는 보이지 않는 개별
인간들의 비참한 현 상태를 가리키고 있다.

경계선 너머

인공지능이 노래를 만들 수 있을까? 불과 몇 년 전까지만
해도 부정적인 답변들이 주를 이뤘을 이러한 질문이
이제는 더 이상 이상하거나 말도 안 되는 질문이 아니다.
이제 인공지능은 그림도 그리고 시도 쓴다. 인간만이 할
수 있을 것이라 여겨졌던 영역들이 점점 더 인공지능에
의해 도전받고 점령(?)당하고 있다. 물론 아직은 결과물
수준이 조악하게 보일 수도 있고 어색한 부분이 있을 수
있지만 여러 정치인들이나 연예인들, 또는 사람들에게
알려지게 된 화제의 인물들에 대해 인터넷을 도배하는
수많은 혐오글과 이에 동조하는 댓글들을 보고 있노라면
오히려 인공지능이 더 논리적이고 사람답게 글을 쓰고
있는 듯한 착각에 빠질 때가 있다. 그래서 이승윤과 같은
음악가의 노랫말들이 소중한 것 같다. 일관된 자신만의
논리로 일상을 살아가는 개인의 삶이라는 평범함을
비상하리만치 창조적인 전환으로 풀어 쓰는 시 말이다.

코로나 이후 시대에 대한 책들이 쏟아져 나오고
있다. 최첨단 미래사회가 팬데믹으로 인해 예정보다 더
빨리 우리에게 도래하게 됐다는 해석들이 주를 이룬다.
온라인 강의와 같은 비대면 사업들이 마치 바람직한
미래인 것처럼 가르쳐지고 있다. 마치 그것이 인류가
가야할 밝은 미래인 양 말이다. 그리고 사람들이 그러한

새로운 일상에 잘 적응해야만 신인류인 듯 홍보되고
있다. 아니, 반드시 그런 것만은 아니다. 그것은 인간이
걸어가야 할 길이 아니다. 회사에서 주어지는 업무의
처리 속도는 빨라졌을지언정 그것이 '미래'가 되어야
하는 것은 아니다. 단기적인 성과는 오를지 몰라도
장기적으로는 인간성의 결핍을 초래할 일들이며,
인간관계에서 얻을 수 있는 우연과 잠재로부터의 살아
있는 통찰을 상실하게 될 것이다. 사람은 이동하고
만나며 접촉함으로 영감을 얻게 되어 있다. 그리고
그들이 말하는 미래 사회에서는, 오로지 그런 이동을
자유자재로 선택할 수 있는 부를 축적한 소수만이 밝은
미래라고 그려진 삶과 여유를 영위하게 될 가능성이
크다.

　팬데믹이 끝나도 사람들은 예전으로 돌아가지 않을
것이란 말들을 한다. 모르겠다. 하지만 나는 어떠한
방식이나 형태로든 일정 부분 돌아가야만 한다고
말하고 싶다. 사람들은 알고 있다. 크든 작든 컨퍼런스나
세미나, 커피 타임 속에서 일어나는 그 설명할 길 없는
우연한 만남들과 대화들을 통해 얻게 되는 깨달음이나
아이디어가 얼마나 소중한지 말이다. 여행이든 일상이든
그 스쳐가는 듯한 찰나의 순간들을 통해서 사람들은
다른 사람들에게서 영감을 얻는다. 그것은 결코 비대면
화상 회의로는 온전히 채워질 수 없다. 단지 충족되는

것처럼 보일 뿐이다. 자본과 네트워크를 구축한 소수의 사람들에게만 자신의 시간을 쪼개어 사용할 수 있는 이점만 있을 뿐이다. 성장과 관계, 더 많은 영감과 통찰을 필요로 하는 사람들에게는 비대면의 미래는 불행한 미래일 뿐이다. 명백한 예로, 지금의 팬데믹 때문에 가장 피해를 보고 있는 세대는 이제 막 유치원과 초, 중, 고등학교에 진학을 하는 자라나는 어린 세대들이다. 경제적으로 별 문제가 없는 가정의 자녀들은 비대면 교육에 최적화된 환경을 쉽게 구축하게 된다. 그에 비해 자녀를 돌봐 줄 수 없는 환경의 아이들은 영락없이 자극적인 온라인 콘텐츠에 쉽게 노출되고 그로 인해 스스로 학업을 따라갈 수 없게 되었다고 여러 뉴스와 통계들은 말하고 있다. 그것은 단지 지금 잠깐 동안 벌어지고 사라지는 일이 아니다. 자라나는 아이들에게 그런 자극은 그들의 평생 동안 부정적인 영향을 주며 그들이 성인이 되어 겪는 불안정의 시초가 되고 만다. 팬데믹으로 인해 인간의 기술과 과학적 진보가 촉진되었다는 것은 반은 맞고 반은 틀린 말이다. 그것은 인간성을 상실해 가면서도 그렇지 않은 척하는 거짓이다. 세계 최대 온라인 쇼핑 기업인 아마존이 괜히 오프 매장인 홀푸드마켓Whole Foods Market을 인수한 게 아니다. 사람들은 여전히 자신들이 직접 발품을 팔고 손으로 만지고 향기를 맡기를 원한다. 그것이 인간이다.

인간적 접촉이 줄어드는 기술의 발전이 경제적으로
효율적이고 이득이 되는 것은 맞다. 그러나 그러한
이윤은 다른 누구도 아닌 거대 자본가들과 같은
소수에게만 귀속될 뿐이다. 쉽고 빠른 온라인 쇼핑과
비대면 경제는 단기적인 처방 또는 다가올 미래의
실체의 일부분에 지나지 않는다. 물론 더욱 그 방향으로
가속화되겠지만 그 반대의 아날로그적인 감성과 시장
또한 커질 것은 자명하다. 사람은 사람을 소중히 여기고
그리워하기 때문이다. 여러 스마트폰 앱과 프로그램들을
채울 콘텐츠는 단연 인간과 그 관계에 대한, 실존의
불안과 경계선적 결핍에 대한 어루만짐에 있을 것은
당연한 일이다. 사람들은 그런 인간의 감성을 매만질
수 있는 누군가를 또는 무언가를 찾아왔고 또 찾을
것이다. 일명 GAFAM이라 불리는, 미국의 대표적인 테크
회사들인 구글, 애플, 페이스북, 아마존, 마이크로소프트
등의 매출은 불과 몇 년 사이에 200퍼센트가 넘는
증가를 이뤄 왔고 팬데믹 이후에 더 가속화될 거라 한다.
그러나 이런 기업들의 성장이 개인의 성장을 보장하지
않는다. 오직 몇몇 소수의 의사결정권자들에게만 부가
귀속될 뿐이다. 팬데믹으로 인해 이런 경제 구조가
공고히 되어 감에 따라 부의 편중 현상이 인류 역사의
유례가 없을 정도로 가속화되고 있다. 그들 회사가
제공하는 더 좋은, 세밀한 서비스는 그것의 가치를

지불할 수 있는 고객들을 위할 뿐이다. 거기에 모두를 위한 가치는 없다. 제2의 석유라 불리는 데이터를 사용해서 거대 기업들은 뭐든 할 수 있다는 자신감을 가지고 있다. 인공지능에 차곡차곡 먹이를 주며 키우는 것이다. 그것은 자율 주행이 될 수도, 인공지능을 가진 로봇 유모 또는 더 나아가 인공지능 정부가 될 수도 있다. 그러나 그러한 기술진보는 인간 존재에 대한 불안과 그로부터 파생되는 두려움을 근본적으로 해결할 수 없다. 단지 그것을 해결해 줄 수 있다고 사람들이 믿게 되는 서비스를 제공하는 것 이상도 이하도 아니다.

나는 오히려 이승윤과 같은 예술가들을 보면서 그리고 그들을 향한 사람들의 관심과 환대를 보면서, 인간성 상실의 시대 가운데 사람들이 그리워하는 인간 자체에 대한 그리움과 향수를 보게 된다. 앞으로의 미래 세계가 어떻게 펼쳐질지 알 수 없지만, 한 가지 확실한 것은 공룡 기업들이 전 세계 자본을 움직이고 대부분의 개인들은 그 시스템에 종속되어 가겠지만, 그럼에도 불구하고 자유하고자 하는 경계선적 개인들은 사라지지 않을 것이며 오히려 그 가치는 커질 것이란 생각이다. 사람들은 언제나 '개인'을 욕망하고 그리워할 것이다. 평범하고 소소한 일상 가운데 천천히 걸을 수 있는 그 발걸음의 참 맛을 잊지 못할 것이다. 거기에, 그들 각자의 이야기에 미래가 있다. 지금은 개인마다 가지고 있는 그

흔하디흔한 스마트폰과 카톡은커녕, 한 손으로 잡기에도
버거워 보였던 개인 전화기조차 부의 상징이었던 90년대
후반까지만 해도, 사람들과 만날 약속을 잡고 그 시간을
기다리다가 결국 약속한 장소에서 삼삼오오 모이는
과정은, 지금 생각해 보면 정말 수많은 불확실성을 뚫고
이뤄 내는 작지만 소중한 일들(또는 기적)이라 부르지
않을 수 없다. 특히 연인들의 만남은 어떠했던가?
불확실성이 가져다주는 묘한 긴장과 기다림으로 가슴은
터질 듯이 설레었다. 오늘날 누군가는 그런 것들을
불편함으로 기록할 수도 있겠지만, 아날로그적인 인생이
주는 여러 방식들은 우리의 인간에 대한 통찰과 감성을
깊게 해왔다.

지금 가수 이승윤에 대한 인기가 10대부터 60대
이상까지 두루두루 퍼져 있는 건 그런 인간적 매력이
있기 때문일지도 모른다. 그만큼 인간 이승윤을 통해
사람들이 느끼고 경험하는 것은 이승윤 너머 그들이
제대로 정리하지 못하고 닫지 못한 아련한 과거의
흔적들에 대한 그리움일지도 모른다. 90년대 음악을
뚜렷이 추억하고 되뇌이는 이승윤은 그와 동년배 다른
젊은 아티스트들과는 다르게 보인다. 그들에게선 과거의
이야기가 들리지 않는다. 그들은 철저히 과거와의
단절만을 주장하거나 과거의 이야기들은 '꼰대'들의
이야기일 뿐이라고 생각하는 듯 말이다. 그러나 그것은

많은 개인들이 살아온 여러 세대의 이야기라는 소중한 존재의 깊이를 차버리는 어리석은 일이다. 이런 말을 하는 내가 꼰대가 되어 버린 걸까?

개인주의자

이승윤에 대한 철학적 해석 동영상 어딘가에 재미있는 댓글이 달린 적이 있었다. 그를 근대적 개인주의자에 빗댄 내 해석에 대해 어느 분께서 한 책에 실린 그의 어린 시절 일화를 남기며 내 해석이 마치 무릎팍도사와 같다고 공감한 적이 있었다. 댓글의 내용은 다음과 같다.

> 승윤님 어릴 적 일화를 들으면, 희준님이 무릎팍 도사가 된 기분일 거예요~^^

초등학교 2학년 승윤.

(산수 문제)

Q. 집에 놀러 온 친구 세 명에게 사탕 열두 개를 나누어 주면 한 사람당 몇 개씩 돌아가는가?

일반적인 답: 12÷3=4

199

승윤이의 답: 12÷4=3

왜냐하면 승윤 본인까지 포함해서 총 4명이므로 ㅋㅋ

중학교 2학년 승윤.

(영어 문제)

Q. I broke your CD player, it's all my fault.
(내가 네 CD플레이어 망가뜨렸어. 다 내 잘못이야)

1번. Not at all. (전혀 아니야)

2번. Thank you. (고마워)

3번. Never mind. (신경 쓰지 마)

4번. Of course not. (물론 아니지)

5번. You should not use that. (너는 그걸 사용하면 안 돼)

일반적인 답: 3번

승윤이의 답: 5번

승윤 왈: 남의 물건을 함부로 다루는 친구라면 자기는 정말 다시는 자기 물건에 손대지 못하게 하겠다!
ㅋㅋ 어릴 적부터 아주 귀여운 근대적 개인주의자~^^

나는 이승윤과 같은 사람들을 개인주의자라 부른다.
개인주의자는 이기주의와는 다르다. 개인주의자에도
여러 정의가 내려질 수 있겠지만 내가 말하는
개인주의자는 유럽 르네상스 이후 17세기부터
본격적으로 등장하게 되는 근대 유럽의 개인이다.
근대적 개인주의자는 실존주의자와 많은 부분 닿아
있지만 어느 정도 구별하여 생각할 수 있다. 근대적
개인주의자의 등장 이전 사회는 말 그대로 근대
이전 사회였다. 중세의 마지막을 보내고 르네상스와
종교개혁을 통해 유럽 사회를 이루고 있는 여러
지층들은 크게 균열하고 움직이게 된다. 그러나 중세의
교회와 교황권에 대한 반동이 일어나고, 종교개혁은
이루어졌지만 여전히 그 권력은 고스란히 교회와 왕권
또는 지방 봉건 지주들에게 남아 있었다. 여기에 대한
일련의 크고 작은 혁명과 운동, 사조의 태동으로 나온
것이 근대적 개인주의자라고 볼 수 있다.

이를 설명하려면 경험주의, 실천주의, 과학적 낭만주의
등등 당대에 태동했던 사상들을 구겨 넣어야 할지도
모른다. 역시 가장 큰 개념은, 철학자 데카르트^{René}
^{Descartes}로 대표되는 카르테시안^{Cartesian} 철학사상이라고
할 수 있다. 근대 이전은 신정론^{theodicy}이 지배한
세상이었다. '신이 인간과 세상을 창조했으며 지금도
다스리고 있다. 이것은 사실이다. 왜냐하면 거룩한

경전에 그렇게 쓰여 있고, 교회는 그것을 가르쳤기 때문이다'라는 주장이 그 대표적인 예들 중 하나다. 그러니 '내가 존재한다'는 것은 의심할 여지가 없는 진실, 특히 교회 또는 종교적 공동체에 의해 주어진 존재의 확신이었다. 반면 데카르트의 "나는 의심한다. 그렇기 때문에 존재한다"는 명제는 기존의 진리라고 여겨졌던 인간 존재에 대한 중세적 대전제를 깨뜨리는 신의(?) 한 수가 된다.

데카르트가 당대의 사상가이긴 하지만 이미 이런 변화의 토대는 유럽 전역에 수백 년에 걸쳐 일어나고 있었다. 영국에선 14세기에 존 위클리프^{John Wycliffe}에 의해 라틴어 성경이 영어로 번역이 이뤄졌고, 르네상스를 통한 여러 분야에서 과학적이고 인본주의적인 진보들이 이루어지고 있었다. 무엇보다 과학과 항해술의 발달로 인간 사고체계와 인식의 대전환이 이뤄지고 있었는데, 신이 세상을 창조했고 그 중심에 교회가 있다고 중세 사람들이 믿고 있었다면, 이제는 조그만 유럽 시골의 어느 변두리에 사는 농부와 밭일하는 사람들에게까지도 머나먼 이방 나라들의 소식들이 들려오고 동방의 물건들이 유통되기 시작한 것이다. 그 거룩하다는 성경도 영어와 독일어 및 여러 언어로 번역되어 이제는 라틴어를 배운 소수의 사제들과 귀족들이 아니라 하더라도 누구나 성경을 읽고 자기

나름대로 해석할 수 있게 된 것이다.

음악인 이승윤과 같은 사람들은 정확하게는 근대 유럽의 개인주의자들, 자유주의자들이 보였던 사고와 행동의 패턴과 비슷한 결을 지니고 있다. 나는 그들을 한국식 근대적 개인주의자라고 부른다. 사람들은 이렇게 반문할 수도 있다. '아니 포스트모던^{Postmodern}**4**도 지나가는 마당에 무슨 모던(modern 또는 modernism)이고 근대인가?'라고 반문할 수 있다. 맞는 말이다. 그렇다면 몇 가지 그의 노래 가사들과 발언들 중에서 예를 들어보자.

그가 예전 한 팟캐스트 방송에 출연해 진행한 인터뷰가 있다. 이 인터뷰에서 그는 자신의 노래 〈관광지 사람들〉이라는 곡에 대해 이야기하면서 프랑스 파리에 여행 갔을 때의 기억을 이야기한다. 그는 그 도시를 '죽음으로 채워진 도시'라고 묘사하는데, 그것은 사실 내게 굉장히 인상적인 발언이었다. 결국 파리의 루브르 박물관이나 다른 미술관 등에 걸려 있는 전시물들과 작품들에 대해 언급하는 것 같았지만, 내게 스치듯이 가장 먼저 든 생각은 1830년과 1848년 사이에 걸쳐 일어난 크고 작은 프랑스 혁명과 유럽의 혁명들이었다. 개인과 자유에 대한 사상이 충만히 채워지다 급기야 몇 가지 크고 작은 사건들이 방아쇠가 되어 폭발해 버렸던 사건들 말이다. 동시에 프랑스뿐만이 아니라 유럽

곳곳에 널려 있는 크고 아름다운 교회들이 떠올랐다. 이승윤은 말하기를 한 아름다운 성당 안에서는 교황의 얼굴이 새겨진 금화를 파는데 정작 성당 입구에는 집 없는 걸인이 구걸을 하고 있었고 그 장면이 자신에게는 꽤 큰 대비로 다가왔다고 했다. 지금 살아가고 있는 이 한 사람이 먹을 것이 없고 입을 것이 없는데 교회 안에 이 수많은 금 장식들과 교황의 얼굴을 새긴 금화라니. 전통과 역사, 그리고 권위가 중요한 가치들이긴 하지만 정작 한 인간의 현재 삶에 과연 무슨 도움이 얼마나 될까 하는 의심을 지울 수 없다.

근대 자유인들이 그랬다. 중세를 지나며 지켜 온 전통적 가치들이 인간의 자유로운 사고와 표현, 삶을 억압한다고 믿어 왔고 전부는 아니었지만 실제로 그런 일들이 벌어지기도 했다. 인쇄술과 항해술, 과학의 발달로 깨어나는 일반 사람들의 이성은 그런 것들을 더 이상 견딜 수 없었다. 그래서 전통과 어떤 신성한 것이라는 가르침에 보편적 인간 이성과 가치로 저항하고 논쟁했다. 이런 특징은 이승윤의 인터뷰와 노래 가사 등에서도 자주 발견되는데 인터뷰의 경우 방송을 많이 타기 이전인 경연 프로그램 우승 전에 두드러진다. 그는 전통적 가치나 관습에 무조건적으로 순종하는 선비 같은 사람이 아니다. 그는 철저히 어떤 권력 또는 권위에 대한 반발의 기질이 있고 개인의 자유, 특히 부르고 행동하는 것을 규정하는 규범에 대한 저항 정신이 투철하다. 그가 전통과 역사를 무시하고 가치 없이 여긴다는 말이 아니라, 지금 내가 살아야겠다는 생존과 자유, 개인의 그 정신이 바로 서 있는 것이다. 이것은 오히려 이 시대를, 특히 그의 동년배들인 20대와 30대들의 삶을, 삶 속에서 내몰리는 그들의 존재들을 대변한다고 볼 수 있다.

그렇다면 왜 사람들은 그의 노랫말들을 이해하는 데 어려움을 겪을까? 물론 음악 전체로 봤을 때 가사를 해석하는 것이 중요하지 않은 작업인 것은 맞다. 하나의 노래로, 음악으로 듣고 따라 부르며 즐기는 것이 가장 우선이라고 나 또한 믿는다. 그러나 어찌 됐든 사상가가 되었든 작가가 되었든 그 사람에 대해 더 알기를 원하면 그의 말과 글, 행동을 살펴볼 수밖에 없다. 물론 이 또한 각 사람의 이성적, 감성적 상상력에 맡기는 것이 옳다. 나도 그러한 상상력을 동원해 글을 쓰는 것이기 때문이다. 그리고 이러한 작업이 사람들에게 하나의 고정된 프레임 또는 구조를 제공한다는 점에서 본질적으로 거부감을 드러낼 수 있다. 맞다. 이해한다. 그러나 이런 작업조차 가수 이승윤과 그의 인기라는 일종의 현상을 이해하려는 일련의 작업 비슷한 것도 없는 현 상황에 대한 내 나름대로의 노력 정도로 이해해 주기를 바랄 뿐이다.

중세를 살던 사람들 마음을 어찌 알랴만은 한 가지

분명한 사실은 그들은 근대로 바뀌는 사회의 여러 모습들 그리고 그러한 변화를 주도한 사람들과 그들의 생각들, 즉 우리가 흔히 모더니스트라고 부르는 근대사회의 개인주의적이고 자유로운 이들의 생각에 놀라곤 했다는 것이다. 그런 예들은 멀리서 찾을 필요도 없다. 한국 근대 사회뿐만이 아니라 지금 우리 사회를 봐도 자명한 현실이다. 기성세대들과 젊은 세대들은 서로의 삶과 사고방식을 제대로 이해하지 못하고 있다. 80년대 민주화를 위해 투쟁하고 헌신했던 지금의 586세대는(60년대에 태어나 80년대 대학교를 다닌, 지금은 50대인 세대) 신자유주의 구조의 혜택을 맘껏 누려 오며 사회의 기득권들이 되어 버렸고, 90년대 엑스 세대는 더 이상 신세대가 아니다. 매 시기 새로운 세대들, 인류들이 출현하는 것은 어쩌면 인간의 사회학적 진보의 측면에서 봤을 때 당연한 것을 넘어 필연적인 요소 또는 현상일지도 모른다. 아무튼, "그럼 우리가 중세인이냐?"라고 반문할 수 있다. 그렇다. 우리는 중세인일지도 모른다. 더 정확히 말하자면, 우리에게는 중세를 살던 사람들이 가지고 있던 특징들이 짙게 배어 있다. 특히 나를 포함한 대부분의 한국 사람들에겐 그런 경향이 굉장히 강하게 나타나는 것은 부인할 수 없는 자명한 사실이다. 자의든 타의든 근대 새로운 문물이 유입된 지 이제 일백이십 년 정도가 지났을 뿐이다. 그마저도 일제강점기와 해방 후 한국전쟁 및 정치적 소용돌이로 빼앗긴 시간이 반백 년이다. 물론 인간 이승윤도 마찬가지일지 모른다. 대한민국이라는 사회에서 태어나고 자란 사람으로서 그런 흔적이 아예 없을 수는 없다.

역사는 반복되며 트렌드 또한 돌고 돈다고 한다. 동시에 어쩌면 역사의 순서도 건너뛸 수 없는 것인지도 모른다. 물론 서양사의 흐름이 절대적인 기준은 아니지만 역사에서 일어나야만 하는 요소들이 있는 것인지도 모른다. 이를테면, 유럽은 중세에서 르네상스, 종교개혁, 근대 계몽주의를 지나면서 개인의 자유와 권리가 편만하게 모든 사람들에게 흘러나가고 꽃 피웠다. 물론 산업혁명을 통해 여러 사회 문제들이 발생하고 사회 하부 구조로 내몰린 사람들의 삶은 비참했다. 두 번의 세계 대전과 대공황이 휩쓸고 지나간 유럽은 다시 인간 실존과 자유에 대한 성찰의 기회를 갖는다. 우리 사회는 어떤가? 일제 강점기, 한국전쟁, 그리고 곧이어 이어진 독재와 산업혁명, 그리고 민주화 시대. 우여곡절 끝에 세계 속에 빛나는 고도의 압축 성장과 민주주의 혁명을 이룬 나라. 아시아의 네 마리 용에서 이제는 G-7 모임에 [5] 초청을 받고 주요 선진국들에서 서로 앞다퉈 외교적 파트너십을 강화해 가려는 나라가 되었다. 그러나 솔직히 그 어느 시대 한국

사회에서도 개인의 존재와 자유에 집중하고 깊이 성찰할
여유가 허용되었던 적은 없었다. 여전히 '나'를 말하려
하면 이기적이라는 편견과 마녀사냥을 당하기 일쑤다.

　다시 말하지만 개인주의는 이기주의가 아니다.
그러나 한국 사회 안에서 개인주의는 이기주의로
쉽게 호도된다. 한국사회에서 개인주의를 진정으로
살아가기란 쉽지 않다. 항상 '나'보다는 '우리'가 앞서는
사회이지 않던가? 그러나 그러한 '우리'라는 가치도
얼마나 뒤틀린 방법으로 사용되어 왔는지 모른다.
더 큰 '선'과 공공의 이익, 나라와 민족의 번영과
발전이라는 가치를 주입하며 경쟁과 시스템으로
아이들을 내모는 사회가 한국사회다. 청년들과 장성한
어른들이라고 다르지 않다. 죽는 순간까지 경쟁에서
살아남아야 한다는, 생존이 가장 우선된 가치이자
법칙이 된 적자생존과 약육강식의 사회가 아직까지
한국 사회이지 않은가? 대한민국 사회는 사상적
문화적으로 진정한 근대를 겪지 않은, 겪지 못한 채로
산업, 경제, 정치 등 거시적 측면의 성장을 이루고 그
가운데 극소수의 선별된 개별 성공 사례들만을 꼽아
선진국과 같은 높은 수준의 균형적인 발전을 이룬
것처럼 포장하고 사람들에게 현재의 경계선적 삶을
자위하게 만드는 것은 아닌가 생각해 보아야 한다.
그러한 발전이 우선순위였던 시대가 있었다. 내가 자랄

때만 해도 부모님들이나 집안 어른들께서는 당신들 유년기에 겪을 수밖에 없었던 보릿고개 이야기를 해주시며 그 당시 먹었던 음식들을 추억 삼아 때때로 만들어 드시기도 하셨다. 그만큼 개인과 가족의 생존이 공동체에 의존해야 했던, 붙들려 있어야만 했던 시대를 살았던 세대들이 공동체의 다수를 이루고 있었다. 물론 베이비부머 세대가 여전히 한국사회의 정치, 경제, 사회적인 측면에서 중추적인 위치를 잡고 있지만, 그렇기 때문에 오히려 사상적으로나 문화적으로 개인에 대한 진정한 성찰을 놓치며 살아온 것인지도 모른다. 산업으로부터 꽃 피운 스타가 아닌 방구석으로부터 태어났고 자신의 음악에 대한 사랑으로 만들어진 대중음악 가수 이승윤을 통해서 그러한 전환기에 대해서, 그리고 개인의 다름에 대해 진정으로 다시 한 번 생각해 볼 수 있었으면 좋겠다. 물론 이승윤 이전에도 개인의 실존을 예술로 승화시킨 예술가 또는 스타들이 있었다. 내게는 유재하가 그랬고, 김광석, 이승환, 서태지, 신해철이 그랬다. 각 시대마다 그 시대를 위한, 그 시대를 대변하는, 그리고 다른 측면에서 그 시대를 꼬집는 예술가들이 있다. 나는 이승윤도 그 흐름에 있다고 본다.

파편, 그리고···

음악인 이적의 작품들 중 〈준비〉라는 노래가 있다.
이렇게 노력하고 연습하고 준비하다 보면 언젠가는
내 꿈을 이룰 수 있을까에 대한 걱정과 불안을 살핀
노래다. 대학을 졸업해도, 취업을 준비해도, 이렇게 내
삶 없이 회사를 다녀도, 그 어딘가에서 그렇게 묵묵히
준비하고 열심히 살다 보면 언젠간 내 꿈을 이룰
날이 올까? 세상을 바꿀 만한 거대한 성취는 이루지
못하더라도 내가 원하고 행복할 삶을 살아가기 위해
도전할 수 있는
그 기회는 오겠지? 과연 올까? 아니면 이렇게 준비만
하다 이대로 사라져 버리는 것은 아닐까? '나'라는
사람의 인생은 아무 의미 없이 그저 그렇게 살다가
소멸해 버리는 것은 아닐까? 마치 우주의 먼지처럼
말이다. 우리는 누구나 이런 불안과 두려움을 가지고
있다.

　이 노래 〈준비〉는 열린 결말로 끝이 난다. 결국엔
안 되었다는 실패와 절망도, 잘 되었다는 해피엔딩도
아닌 그 경계 어딘가에서 끝을 맺는다. 누구나 비슷한
존재와 삶에 대한 불안을 가지고 있듯이 우리 대부분의
삶도 그런 것 같다. 무엇을 이루거나 이루지 못한 것이
인생의 의미를 결정짓는 것은 아닐 텐데, 그래서는 안

될 텐데 말이다. 음악인 이승윤이 이적의 파편이라면, 이 노래 〈준비〉에 담았던 이적의 질문에 대한 하나의 답이 바로 '이승윤' 자신일 수도 있겠다는 생각을 했다. 그것은 단순한 파편 그 이상의, 그 결핍과 경계를 넘어 홀로 선 인간이다. 그렇게 준비하고 연습하고 노력하다 마지막이라는 다짐으로 낸 용기에 하나의 의미 있어 보이는 성취를 이뤘으니 말이다. 사람들은, 그리고 나는, 비슷한 걱정을 공유하는 우리로서 아마도 그를 통해 대리 만족과 안도함을 넘어 이런 하나의 답을 찾고 있는지도 모른다. 우리는 누군가의 파편을 넘어 홀로 서는 용기를 발휘해야 한다. 거기엔 다른 어떤 의미도 필요 없이 자명한 나 자신이라는 실존적 진리만이 있을 뿐이다.

Part III.

1. 플라톤의 이데아는 절대 진리를 말한다. 이것은 현실 세계 밖에 있으며 모든 것의 본질이자 원인이 된다. 따라서 육체라는 물질을 입고 있는 인간의 눈으로는 볼 수 없으며 오직 철학적 이성으로 가늠할 수 있다고 했다. 이 절대 진리를 더욱 신의 형상으로 다듬어 간 것이 헤겔의 절대 정신이다. 마치 예술가가 작품을 빚어 가듯이 인간의 역사는 바로 이 절대 정신이 개입하고 실현해 가는 성취의 과정이다. 이를 더욱 인간화 시킨 것이 셸링의 절대 자아인데, 헤겔이 친구 셸링의 영향을 받았다는 주장도 있다.

2. 여기서 말하는 서발턴(subaltern)이란 쉽게 말해 사회의 여러 계급과 계층 분류 중 최하위계층을 말한다. 사회라는 원이 있고 이 중심에서 살아가는 사람들이 지배계층 또는 상위계층이라고 한다면, 서발턴은 이 원의 주변부에서 살아가는 피지배계층 또는 하위계층이다.

3. 단어 자체는 '기독교 세계'를 의미하지만 더 구체적으로는 공식, 비공식적으로 기독교 신앙과 교회, 그리고 문화가 사회 전반에 걸쳐 녹아 있는 하나의 '기독교 국가'를 말한다. 대표적인 예로 중세의 서유럽 제국들과 현대의 미국, 영국, 독일 등이 이에 해당한다고 할 수 있다.

4. '근대 이후' 또는 '탈근대'라는 뜻에서 사용되는 용어로, '모더니즘'(modernism) 또는 '근대주의'가 인간의 이성과 개인의

자유를 골자로 한 사상체계라면, '포스트모더니즘' 또는 '탈근대주의'는 근대 사회가 세워 온, 심지어 그것이 인간 중심이라는 토대 위에 세워졌다고 할지라도, 기존 가치 체계 또는 사회 구조 전반에 대한 근본적 의심과 해체를 통한 해방을 지향한다.

5. Group of Seven Summit의 약자로, 우리에겐 '주요 7개국 정상회담'으로 알려져 있다. 미국, 일본, 독일, 영국, 프랑스, 이탈리아, 캐나다 등 7개 국가에 유럽연합(EU)이 비공식 가맹국으로 참여한다.

에필로그

우정

환대는 공동체를, 공동체는 연대를, 연대는 더 큰 환대의
공동체를 낳는다. 그러나 그보다 더 중요한 것이 있다.
사실은 환대와 공동체를 이야기할 때 이 부분을 말할
수도 있었지만 이 글 작업을 닫는 마지막에 작별 인사로
말하고 싶었다. 환대는 우정을 낳는다. 우리는 서로에게
있어 낯선 존재들이다. 낯선 존재를 안아 올린다는 것은
자신을 위험에 빠뜨릴 수 있는 대단한 용기가 필요한
일이다. 자기 자신의 낯설음도 세월이 흘러 발견하고는
어떻게 다룰 줄 몰라 당황하고 방황하는 우리가 낯선
타인을 환대한다는 것은 큰 용기가 필요한 일이다.

용기는 내 존재가 발현하는 것이지만, 동시에 타인이
건네는 작지만 소중한 환대를 통해 얻게 되는 힘이기도
하다. 이승윤은 경연 당시 심사위원 중 한 명이었던
유희열의 말에 용기를 얻었다고 했다. 그것은 자신의
다름을 잘못됨과 불편함이 아니라 독특하고 색다른
특별함으로 인정해 준 환영이었다. 그렇게 다름은
정죄의 불씨가 아닌 환대의 기회가 된다. 불편함과 긴장,
급기야는 증오와 위험을 가져올 수도 있는 낯설음은, 내
자신이 실존할 수 있는 용기를 다른 사람과 공유하며
그에게 힘이 되어 줄 수도 있는 놀라운 선물이다.

우정은 그렇게 일구어진다. 이준익 감독의 영화
〈자산어보〉에서 극 중 정약전은 창대라는 젊은이에게
이런 말을 한다. "벗을 깊이 알면 내가 깊어진다."
벗을 깊이 알아 가기에 내가 깊어지는지, 반대로 내가
깊어지기에 벗을 깊이 알게 되는 것인지 단정 지을 수는
없다. 과연 깊어진다는 것은 무엇이며 그것이 '나'와
'너' 혹은 '벗' 사이의 관계에 대해 앎을 제공한다는
것은 무슨 뜻일까? 그것은 가장 주관적이면서도 가장
객관적인 작업이리라. 한 가지 확실한 것은 우리는
언제나 누군가를 필요로 한다는 것이다. 물론 자신을
알아 간다는 것이 확증편향적 또는 과대망상으로 흘러선
곤란하다. 무엇보다도 관계에 있어 모든 아집과 독선,
억측과 상상, 기존에 자신을 채우고 있던 자존심을

내려놓아야만 가능한 일일 것이다. 그 후에야 상대가
누구이든 함께 공존하며 연대하고, 대화하며 서로를
알아가는 일 등이 가능할지도 모른다. 낯선 이, 어찌
보면 상관하고 싶지 않은 모양새의 누군가를 환영하고
그에게 나의 자리를 내어 줄 뿐만 아니라, 그로부터 듣고
배우기 위해선 자신을 비우고 내려놓는 것이 먼저이지
않을까. 자신을 깊게 하는 것은 그렇게 '나'를 비워 내고
파내어 덜어 내는 수밖에 없을지도 모른다. 그리고 벗은
그렇게 '나'와 '너' 사이에 그어진 경계선을 허무는 삶을
통해 태어난다. 우리는 음악인 이승윤을 환대했다. 그는
우리의, 우리는 그의, 그리고 그를 통해 만난 우리는
결국 서로의 벗이다. 서로의 잘잘못을 따지기보다는
위로와 보다듬는 따스한 마음과 손길이 우리 서로에게
필요하다. 벗을 깊이 알고자 하는 노력도 중요하고, 그
가운데에서 조우하는 낯선 사람들과 문화에 대해 마음을
여는 것도 중요하겠다. 이승윤 팬의 한 사람으로서,
개인과 집단으로서 각자의 이익만을 앞세운 허울과
껍데기를 벗어던지고, 따스한 환대의 공간 내어 주는
연대의 길로 가는 그림을 그려 본다. 시간이 걸리겠지만
나는 그것이 음악인 이승윤이라는 사람과 그의 음악을
사랑하는 대중과의 소통으로 가능할 거라 생각한다.
그리고 동시에 앞으로 대중 앞에 등장하게 될 수많은
새로운 시대의 새로운 예술가들에게, 그들을 통해

일어날 일일지도 모른다.

　이승윤이 유명세와 인기를 얻게 되면서 그의 개인적 이야기들과 사적 정보들을 찾아내서 다른 가치와 연결하거나 그것들과 연결시켜 해석하려는 시도들이 많아지고 있다. 다른 각도로 보면 나도 그들 중 하나처럼 비춰질 수도 있다. 다만, 개인적으로는 그가 존재 자체로 멋진 지금 모습 그대로 대중들의 곁에 남아 줬으면 하는 바람이다. 어느 특정 영역에만 속하는 '좀 알아주는' 음악인 정도로 소비되다가 잊히지 않고 말이다. 물론 지금까지의 행보를 보면 이런 내 생각이 쓸데없는 걱정일 가능성이 크다. 열성적인 팬의 남편으로서, 팬의 한 사람으로서, 음악인 이승윤의 더 멋진 활동과 공연을 기대하며 응원한다.

사랑

글을 쓰는 내내 그가 직접 쓴 노래뿐만이 아니라 다른 가수들의 노래를 편곡해서 부른 노래까지 수도 없이 들었다. 그의 노래와 내가 두드리는 타자의 소리, 종이에 글을 쓰는 소리와 호흡이 내게는 개인적으로 너무나 절묘하게 뒤섞이는 것처럼 느껴질 정도였다. 동시에 팬으로서의 마음이 너무 과하게 드러나지 않으려

애쓰기도 했다. 그 미묘한 경계선에서 글을 쓰며 많은 경우 그의 노래를 통해 영감을 받으며 글을 썼다. 그래서 다른 사람들이 바라볼 때 하모니라고 부를 수는 없을지 몰라도 나만의 생각과 글로써 만들어 내는 나만의 독선적인 이야기라고는 생각하지 않았다. 그렇게 그의 노래와 내 생각들이 혼합되어 이 글 작업을 해왔고 완성할 수 있었다고 믿는다.

내 유튜브에 인상적인 댓글이 있었다. 내가 그의 길을 아는 것은 나도 그런 길을 간절히 바라왔기 때문이라는 글이었다. 별 생각 없이 무심코 지나칠 수도 있을 댓글이었다. 내가 이렇게 이승윤이라는 사람에 대해, 또 그의 작품들에 대해 일관되고 또 대부분 맞아떨어지는 글을 쓰는 이유, 내 글에 그 가수의 팬들이 호응해 주는 이유는 바로 내가 음악인 이승윤과 같은 삶을 살고 싶은 마음이 있었기 때문이라니… 어떤 삶의 모습에 있어서 그와 닮은 길을 가고 싶었던 걸까? 음악인으로? 자유인으로? 나조차도 모를 일이지만 마음속으로부터 무언가 '맞다'는 긍정을 할 수 밖에 없었다. 중학교 2학년 때부터 시작한 기타라는 악기, 헌병 출신, 중앙이 아니라 언제나 경계선에 머물 수밖에 없었던 시간들… 나와 닮은 그의 여러 가지 모습들에서 나는 젊은 날 무언가를 깊이 소망했던 내 자신을 본 것일지도 모른다. 그래서 나는 이 작업을 가능하게 한 음악인 이승윤과의 만남을 한때의 해프닝으로 치부할 수만은 없다. 마치 그가 참여한 경연 프로그램이 조금 일찍 혹은 조금 늦게 열렸다면 이승윤 본인은 출연할 수 없었다고 했던 것과 비슷하다. 그가 조금 일찍 또는 늦게 나타났다면 나는 그에 대한 글은 고사하고 관심조차 둘 수 없는 상황이었을 테니까.

끝으로, 이 모든 것들을 가능하게 해준 사랑하는 아내 연희에게 이 글을 바친다. 이로써 내가 어린 시절부터 그토록 바래왔던 작가로서의 꿈이 이뤄짐과 동시에 첫걸음을 내디딜 수 있게 되었다. 꿈은 내게서 시작된 한 바람과 욕구로 시작하지만, 꿈을 이루는 것은 예기치 않게 외부로부터 다가온 사랑으로서 이뤄진다는 것을 배우게 되었다. 모든 아름다운 서사들이 그렇듯이, 어려움과 불편함, 인내와 희생이 없지 않았다. 그러한 모든 것들이 결국에 사랑을 통해 아름다운 열매를 맺게 된다는 서사적 신비를 나 또한 경험했다. 이것으로 이야기가 끝이 나길 바라지 않는다. 나는 더 아름답고 긴 이야기를 소망한다. 그것이 더 복잡하고 낯선 경험들과의 조우를 의미할지라도 말이다. 비극처럼 보이는 일들이 기다리고 있을지도 모른다. 그러나 시련과 어려움 또한 이야기를 꾸며 주는, 인생을 벗 삼기 위한 재료들임을 부정할 수 없다. 그리고 종국에는 나 자신을 용서하고 환대할 수 있는, 나 자신을 벗 삼아 진정으로 자유롭게 홀로 설 수 있는 삶을 살아가기 위한 선물이다. 이제 조금은 알 것 같다. "포기하지 말고, 꿈을 놓지 말라"는, "환경은 중요하지 않으며 소망하고 노력하면 이룰 수 있다"는 그 수많은 상투적이고 진부한 말들이 시대를 초월하며 살아남는 이유 말이다. 사랑을 믿으라는, 이 단순하면서도 진부한 말이 삶 속에 계속되길 바라며 이 책을 마친다.

참고 문헌

Part I.

• Alisdair MacIntyre, *Three Rival Versions of Moral Enquiry: Encyclopedia, Genealogy, and Tradition* (Notre Dame: University of Notre Dame Press, 1994).

• Émile Durkheim, *Elementary Forms of the Religious Life*, trans. Joseph W. Swain (New Jersey: Free Press, 1965).

• Iris Murdoch, *Metaphysics As a Guide to Morals* (New York: The Penguin Press, 1992).

• Jacques Derrida, *Acts of Religion* (New York: Routledge, 2002).

• Jean-Paul Sartre, *Existentialism is a Humanism*, trans. Carol Macomber (New Haven: Yale University Press, 2007).

• Kwok Pui-lan, *Postcolonial Imagination and Feminist Theology* (Louisville,

221

Kentucky: Westminster John Knox Press, 2005).

• Martin Heidegger, *Being and Time*, trans. John Macquarrie and Edward Robinson (New York: Harper and Row, 1962).

• Martin Heidegger, *Schelling's Treatise on the Essence of Human Freedom*, trans. Joan Stambaugh (Athens, Ohio: Ohio University Press, 1985).

• Stanley Hauerwas, *A Community of Character* (Notre Dame: University of Notre Dame Press, 1981).

• Thomas Reynolds, *Vulnerable Communion: A Theology of Disability and Hospitality* (Grand Rapids, MI: Brazos Press, 2008).

Part II.

• Thomas Aquinas, *Summa Theologica, vol. II*, trans. Fathers of the English Dominican Province (New York: Benzinger Brothers, 1947).

• Iris Murdoch, *"Vision and Choice in Morality" in Christian Ethics and Contemporary Philosophy*, ed. Ian T. Ramsey (London: SCM Press, 1966).

• Stanley Hauerwas, *Vision and Virtue* (Notre Dame, IN: Fides, 1974).

• Ludwig Wittgenstein, *Tractatus: Logico-Philosophicus*, trans. C. K. Ogden (Sweden: Chiron Academic Press, 2016).

• Søren Kierkegaard, *Purity of Heart is To Will One Thing*, trans. Douglas V. Steere (New York: Harper Torchbooks, 1956).

• Friedrich Nietzsche, *The Birth of Tragedy and The Case of Wagner*, trans.

Walter Kaufmann (New York: Knopf Doubleday Publishing Group, 1967); idem., *The Gay Science*, trans. Walter Kaufmann (New York: Knopf Doubleday Publishing Group, 1974).

• Paul Tillich, *The Courage To Be* (New Haven: Yale University Press, 2000).

• Paul Tournier, *The Meaning of Persons* (London: SCM Press, 2012).

Part III.

• Arthur O. Lovejoy, *The Great Chain of Being: A Study of the History of an Idea* (Cambridge, MA: Harvard University Press, 1971).

• Friedrich W. J. Schelling, *Philosophical Investigations into the Essence of Human Freedom*, trans. Jeff Love (New York: State University of New York Press, 2007).

• Gayatri Chakravorty Spivak, *A Critique of Postcolonial Reason: Toward a History of the Vanishing Present* (Cambridge, MA: Harvard University Press, 1999).

• Jung Young Lee, *Marginality: The Key to Multicultural Theology* (Minneapolis: Fortress, 1995).

• Pierre Teilhard de Chardin, *The Future of Man*, trans. Norman Denny (New York: Collins, 1964).

• Rene Descartes, *Meditations on First Philosophy*, ed. John Cottingham (Cambridge: Cambridge University Press, 1996).

환대

이승윤을 사유하다

Hospitality: Thinking About LEE SEUNG YOON

지은이 김희준
펴낸곳 주식회사 홍성사
펴낸이 정애주
국효숙 김의연 김준표 박혜란 손상범 송민규
오민택 임영주 주예경 차길환 허은

2021. 10. 25. 초판 1쇄 인쇄   2021. 11. 5. 초판 1쇄 발행

등록번호 제1-499호 1977. 8. 1.
주소 (04084) 서울시 마포구 양화진4길 3
전화 02) 333-5161 **팩스** 02) 333-5165 **홈페이지** hongsungsa.com
이메일 hsbooks@hongsungsa.com **페이스북** facebook.com/hongsungsa
양화진책방 02) 333-5161

ISBN 978-89-365-1502-7 (03100)